行政事业单位财务会计管理应用研究

许爱荣　佟博　张俊 ◎著

中国纺织出版社有限公司

内 容 提 要

本书分别从行政事业单位财务会计总论、行政单位财务会计核算、事业单位财务会计核算、行政事业单位财务管理理论透视、行政事业单位财务管理的新技术应用、不同行政事业单位财务管理的实践研究等方面进行论述，将会计理论、制度规定、实务处理方法融合在一起，并选用实际的业务实例加以说明，贴近工作实际。

图书在版编目（CIP）数据

行政事业单位财务会计管理应用研究/许爱荣，佟博，张俊著．--北京：中国纺织出版社有限公司，2022.11

ISBN 978-7-5229-0007-0

Ⅰ．①行… Ⅱ．①许… ②佟… ③张… Ⅲ．①行政事业单位—财务会计—会计管理—研究—中国 Ⅳ．①F234.4

中国版本图书馆 CIP 数据核字（2022）第 206288 号

责任编辑：段子君　　责任校对：高　涵　　责任印制：储志伟

中国纺织出版社有限公司出版发行
地址：北京市朝阳区百子湾东里 A407 号楼　邮政编码：100124
销售电话：010—67004422　传真：010—87155801
http://www.c-textilep.com
中国纺织出版社天猫旗舰店
官方微博 http://weibo.com/2119887771
三河市延风印装有限公司印刷　各地新华书店经销
2022 年 11 月第 1 版第 1 次印刷
开本：787×1092　1/16　印张：10.25
字数：227 千字　定价：99.00 元

前　言

随着我国经济的发展，新会计准则的颁布以及其他相关制度的完善，行政事业单位的管理和经济活动正面临着一些新的情况和问题，行政事业单位会计的职能也正随着经济的发展和财政职能的转变而逐渐拓宽和发展，它的事前预测、事中控制、事后反映监督以及参与决策的职能正逐步得到加强。因此，全面提高行政事业单位财务会计人员的业务素质和水平，已成为迫切需要解决的问题。

为了能够满足广大行政事业单位财会从业人员在规范单位会计行为、提高会计信息质量、加强日常财务管理等方面的工作需要，笔者撰写了《行政事业单位财务会计管理应用研究》一书。本书在内容编排上共设置六章，分别为：行政事业单位财务会计总论、行政单位财务会计核算、事业单位财务会计核算、行政事业单位财务管理理论透视、行政事业单位财务管理的新技术应用、不同行政事业单位财务管理的实践研究。

本书撰写力求体现如下特点：

第一，内容全面。本书涵盖了行政单位财务会计工作的全部内容，可以作为行政单位会计实务工作者的业务指导用书。

第二，操作性强。本书将会计理论、制度规定、实务处理方法融合在一起，并选用实际的业务实例加以说明，贴近工作实际。

第三，具有创新性。本书以会计制度为基础，但又突破了会计制度的某些规定，以期以独到的见解去阐述实务操作，补充会计制度中不很明确的处理事项。

由于时间仓促，以及新会计准则的逐步实施和完善，书中必有不足之处，恳请读者朋友们批评指正，谢谢！

著　者

2022 年 6 月

目　录

第一章　行政事业单位财务会计总论

第一节　行政事业单位的概念

一、行政单位的概念

行政机关是指依据宪法和有关组织法的规定设置的，行使国家行政职权，负责对国家各项行政事务进行组织、管理、监督和指挥的国家机关。行政单位是进行国家行政管理、组织经济建设和文化建设、维护社会公共秩序的单位，主要包括国家权力机关、行政机关、司法机关、检察机关以及实行预算管理的其他机关组织等。行政单位与行政机关是有区别的，这里主要是财政上的概念，行政单位包括行政机关。

国家权力机关是国家权力的体现者和行使者，分为最高国家权力机关和地方国家权力机关，即全国人民代表大会和地方各级人民代表大会及其常务委员会。国家行政机关是权力机关的执行机关，即各级政府。我国国家行政机关由国务院以及省(自治区、直辖市)、设区、市（自治州)、县、乡（镇）组成。各级政府下还要设置具体的办事机关，包括民政机关、商业、工商管理、统计、财政、审计、文化、教育、卫生、外贸、体育、监察、公安、安全、司法、检察院、人民法院等。行政单位依法设立，其人员实行公务员管理，活动经费、工资福利等全部由政府拨付。

二、事业单位的概念

事业单位[1]一般要接受国家行政机关的领导，要有其组织或机构的表现形式，要成为法人实体。从目前情况来看，事业单位绝大部分由国家出资建立，大多为行政单位的下属机构，也有一部分由民间建立，或由企业集团建立。事业单位有两个特征：一是不以盈利为目的，二是财政及其他单位拨入的资金主要不以经济利益的获取为回报。

（一）事业单位的类别

事业单位一般是国家设置的、带有一定公益性质的机构，但不属于政府机构。一般情

[1] 事业单位（Public Institution），是指国家为了社会公益目的，由国家机关举办或者其他组织利用国有资产举办的，从事教育、科技、文化、卫生等活动的社会服务组织。事业单位接受政府领导，表现形式为组织或机构的法人实体。

况下，国家会对这些事业单位予以财政补助，分为全额拨款事业单位、差额拨款事业单位；还有一种是自主事业单位，是国家不拨款的事业单位。

1. 全额拨款事业单位

全额拨款事业单位是指全额预算管理的事业单位，其所需的事业经费全部由国家预算拨款。

全额拨款事业单位的管理形式，一般适用于没有收入或收入不稳定的事业单位，如学校、科研单位、卫生防疫、工商管理等事业单位，即人员费用、公用费用都要由国家财政提供。采用这种管理形式，有利于国家对事业单位的收入进行全面的管理和监督，同时，也使事业单位的经费得到充分的保障。

2. 差额拨款事业单位

按差额比例拨款，由财政承担部分经费并列入预算；单位承担其余部分，由单位在税前列支，如医院等。

差额拨款单位的人员费用由国家财政拨款，其他费用自筹。按照国家有关规定，差额拨款单位要根据经费自主程度，实行工资总额包干或其他符合自身特点的管理办法，促使其逐步减少国家财政拨款，向经费自收自支过渡。

3. 自主事业单位

自主事业单位是国家不拨款的事业单位。自收自支事业单位作为事业单位的一种主要形式，不需要地方财政直接拨款。

目前，我国正在进行事业单位的分类改革，即按照社会功能将现有事业单位划分为承担行政职能、从事生产经营活动和从事公益服务三类。对完全行使行政职能的事业单位，改革方向是结合深化行政体制改革和政府机构改革的背景，根据具体情况，进行相应调整，具备条件的转为行政机构；对承担部分行政职能的事业单位，将其行政职能和公益服务职能与有关单位的职能和机构进行整合。对从事生产经营活动的事业单位，已经实现或经过相应调整后可以实现由市场配置资源的，改革方向是逐步转为企业，依法进行企业注册，并注销事业单位，注销事业编制。对从事公益服务的，根据职责任务、服务对象和资源配置等方面的不同情况，初步分为公益一类、公益二类两类。承担义务教育、基础性科研、公共文化、公共卫生及基层基本医疗服务等基本公益服务，不能或不宜由市场配置资源的，划入公益一类，即纯公益类的事业单位，由政府出资保障，不再允许其存在经营活动。承担职业教育、高等教育、非营利性医疗等公益服务的事业单位，可部分由市场配置资源的，划入公益二类，即属于准公益类的事业单位，允许其部分由市场配置资源，但不允许其进行以营利为目的的生产经营活动。

事业单位的范围涵盖较广，从行业分布来看，可以分为以下 24 类：①科学研究事业单位；②教育事业单位；③文化事业单位；④勘察设计事业单位；⑤新闻出版事业单位；

⑥广播影视事业单位；⑦卫生事业单位；⑧体育事业单位；⑨农、林、牧、水事业单位；⑩交通事业单位；⑪气象事业单位；⑫地震事业单位；⑬海洋事业单位；⑭环保事业单位；⑮测绘事业单位；⑯信息咨询事业单位；⑰质量监督事业单位；⑱知识产权事业单位；⑲物质仓储事业单位；⑳城市公用事业单位；㉑社会福利事业单位；㉒经济监督事业单位；㉓机关后勤事业单位；㉔公证服务等其他事业单位。

（二）事业单位的性质与宗旨

1. 事业单位的性质

事业单位是相对于企业单位而言的。它们不以盈利为目的，是国家机构的分支。

2. 事业单位的宗旨

事业单位是以公益服务为主要宗旨的一些公益性单位、非公益性职能部门等，它参与社会事务管理，履行管理和服务职能，宗旨是为社会服务，主要从事教育、科技、文化、卫生等活动。

（三）事业单位的特征分析

1. 事业单位的主要特征

（1）依法设立。事业单位的设立，应区分不同情况由法定审批机关批准、依法登记，或者依照法律规定直接进行法人登记。

（2）从事公益服务。事业单位从事的是教育、科技、文化、卫生等涉及人民群众公共利益的服务活动，一般不履行行政管理职能。

（3）不以盈利为目的。事业单位一般不从事生产经营活动，经费来源有的需要财政完全保证，有的可通过从事一些经批准的服务活动取得部分收入，但取得的收入只能用于事业单位的再发展，不得用于管理层和职员分红等。

（4）社会组织。事业单位是组织机构而不是个人，要有自己的名称、组织机构和场所，有与其业务活动相适应的从业人员和经费来源，能够独立承担民事责任。

2. 事业单位的功能特征

（1）服务性。服务性是事业单位最基本、最鲜明的特征。事业单位主要分布在教、科、文、卫等领域，是保障国家政治、经济、文化生活正常进行的社会服务支持系统。

（2）公益性。公益性是由事业单位的社会功能和市场经济体制的要求决定的。在一些领域，某些产品或服务，如教育、卫生、基础研究、市政管理等，不能或无法由市场来提供，要由政府组织、管理或者委托社会公共服务机构从事社会公共产品的生产，以满足社会发展和公众的需求。

（3）知识密集性。绝大多数事业单位是以脑力劳动为主体的知识密集性组织，专业人才是事业单位的主要构成人员。利用科技文化知识为社会各方面提供服务是事业单位的主要手段。

（四）事业单位的资金来源

事业单位的资金来源大致有三种：政府出资；事业收入；民间集资创办、国家予以补贴。我国事业单位大多数由国家出资创办，并受国家行政机关的监督和管理。在我国行政编制中，事业单位的经费与人员工资由国家财政预算的事业费开支。

第二节　行政事业单位财务会计的特征

一、经费来源的单一性特征

行政事业单位是国家为满足社会公共需要而设立的，主要行使国家社会管理和公共、公益服务职能，没有社会生产职能。因此，行政事业单位的经费来源渠道非常单一。其中，行政单位履行职能的资金耗费，主要依靠财政拨款加以补偿；事业单位在财政补助之外可以通过开展有偿服务活动和经营活动取得收入，收入来源要比行政单位丰富得多，但有偿性和经营性收入主要限于弥补开展业务活动的资金消耗，总体而言，在事业单位的收入来源中居次要地位，起补充作用。

二、会计核算的非营利性特征

行政事业单位的存在就是为了完成国家所赋予的各项行政管理和社会管理任务。因此，行政事业单位经济业务活动的范围有特定限制，不像市场经济主体那样以盈利为目的。行政事业单位的运作具有典型的非市场性特点，其收入源于财政无偿拨款，不需要付出代价，一般不进行成本核算，所提供的服务通常不收取费用或只收取一定的工本费。即便是事业单位的事业收入和经营收入，也不是单纯为了获得收入，更不是为了盈利，主要是用于弥补业务活动的资金和物质损耗。正是由于会计核算的非营利性，行政事业单位资产减去负债后的余额被称为净资产，而没有像企业会计那样称为所有者权益。

需要注意的是，虽然行政事业单位会计核算不计算成本和盈亏，但并不代表着预算资金不讲求效果和效益。实行以结果为导向的绩效预算是成熟市场经济国家预算管理的一项重要制度，也是我国预算管理改革的方向。加强预算绩效管理、提升资金使用效益的根本目的是改进预算支出管理，优化财政资源配置，提高公共产品和服务的质量。此外，部分实行内部成本核算办法的事业单位也要树立成本费用的意识和投入产出的意识，努力做好经济核算，切实提高资金使用效益。

三、资金运动的单向性特征

企业的资金运动呈现周转、循环状态，并在周转和循环过程中实现资金的回收和价值的增值。而行政事业单位以拨款方式从财政部门取得经费，是财政部门根据人大批准的预算，按时间进度和项目进度向行政事业单位无偿拨付的，并不需要单位在未来以资产或利润分配的形式偿还；行政事业单位收到财政拨款后，实施行政和社会管理、办理业务活动导致的资金流出，也主要是以履行公共服务和公益服务职能为目的，不求资金和利润的回报。因此，无论是财政资金从财政部门流向行政事业单位，还是进一步地从行政事业单位向外流出，均呈现无偿的单向运动状态。

四、会计管理的统一性特征

行政事业单位会计是政府会计体系的分支，它的核算对象是财政资金的领拨、使用和结果所导致的业务活动。因此，行政事业单位会计应当以政府预算管理为中心，及时准确地反映预算的执行情况，这就需要形成一个全国统一的会计核算体系和信息系统。为此，除特殊行业的事业单位可以由主管部门协同财政部一起制定特殊行业的会计制度并在全国同一行业全面实施外，其他任何行政事业单位都要执行全国统一的行政事业单位会计制度而不能自行确定或调整。行政事业单位会计收支核算与管理，必须要服从于、服务于和统一于国家的相关政策和政府预算管理的相关要求。

五、会计基础的现金制特征

由于行政事业单位具有非营利性，一般不进行盈亏计算，也就没有必要对行政事业单位进行收支的准确配比。为了准确反映报告期的预算资金收支和单位资金的执行情况，加强对行政事业单位的收入和支出的控制，便于财政部门妥善调度资金，保证预算资金的供应，行政事业单位一般应以本期实际收到和实际付出的款项作为收入或支出，而不能像企业那样，把本期应收未收或应付未付的款项列作收入或支出。只有这样才能准确反映政府预算的实际执行情况，才能更好地与财政总预算的收支情况和财政总预算会计的收支核算情况相适应，从而进一步加强对行政事业单位预算管理和资金收支的控制。因此，行政事业单位会计没有像企业那样采用权责发生制，而是在总体上以收付实现制作为会计核算基础。

第三节　行政事业单位财务会计的理论

一、行政事业单位财务会计核算的基本前提

会计核算的基本前提，也称为会计核算的基本假设，是组织会计工作，实施会计确认、计量和报告的必要前提条件，是对会计核算所处时间、空间环境等所做的合理设定。若离开这些条件，就不能有效地开展会计工作，也无法构建财务会计的理论体系。会计核算的基本前提一般包括会计主体、持续经营、会计分期与货币计量等四方面内容。行政事业单位财务会计作为会计的一个分支，它的基本前提自然也应包括上述四方面内容，具体内容如下。

（一）会计主体

会计主体是指会计确认、计量和报告的空间范围，也就是会计所服务的特定的经济组织。会计主体假设要求会计核算应当记录和反映组织本身的各项生产经营活动，即会计只能核算那些影响会计主体本身经济利益的交易或事项，而那些不影响会计主体经济利益的交易或事项，就不在会计的核算范围。会计主体假设从空间上明确和界定了会计活动的范围，解决了会计为谁核算、为谁记账的问题。对行政事业单位会计而言，会计核算的主体就是各级各类行政事业单位，而不是与本单位有关或无关的其他单位。同时，行政事业会计主体也不是单位财务部门，因为行政事业单位发生的各项收支业务，是围绕着单位职责履行和业务开展而实施，财务部门只有受单位委托，具体组织实施。这就要求行政事业单位会计人员必须明确工作的立足点，紧紧围绕着单位自身发生的经济业务或者事项进行会计核算。

（二）持续经营

持续经营是指会计主体的经营活动将按照既定的目标持续下去，在可以预见的将来，不会面临破产或清算。在这一前提下，会计主体的所有资产将按照预定的目标在正常的经营过程中被耗用、出售或转换，它所承担的债务也将如期偿还。如果会计主体不具备持续经营的前提条件，而是已经或即将停止营业，进行清算，则需要处理其全部资产，清理其全部债权债务。在这种情况下，会计处理要采用破产清算。如果说会计主体假设明确了会计确认、计量和报告的空间范围，那么持续运行假设则明确了行政事业单位会计核算的时间范围和内容范围，因为只有在行政单位各项业务活动能够持续运行的前提下，其资金才

会不断地进行运动，也才能不断发生各种各样的经济业务，会计核算才会有记录的内容。

（三）会计分期

持续经营的组织不能等到结束其经营活动时才进行结算，编制财务会计报告。为定期反映组织的经营成果和财务状况，向相关各方提供信息，就要划分会计期间，把持续不断的生产经营活动，科学合理地划分为较短的相对等距的经营期间。会计分期假设要求将行政事业单位持续运行的时间也要划分成时间段，以便更好地分阶段结算账目，编制财务会计报表，向有关方面提供会计信息。无论是企业会计还是预算会计，我国通常以日历年度作为会计年度，即每年 1 月 1 日至 12 月 31 日为一个会计年度，期间再进一步细分为季度和月度。

（四）货币计量

会计主体的经营活动各不相同、非常复杂。就企业而言，其会计核算对象的基本内容是资产、负债、所有者权益、收入、费用和利润；就行政事业单位而言，其会计核算对象的基本内容是资产、负债、净资产、收入和支出。要对这些不同的经济活动进行综合反映，必须要实行统一的计量尺度。考虑到货币是商品的一般等价物，能用于计量所有会计要素，货币计量就成为会计核算的一个基本前提。行政事业单位会计核算以人民币作为记账本位币，发生外币业务时，应当将有关外币金额折算为人民币金额计量。

二、行政事业单位财务的会计基础

会计上确认一个会计期间的收入与费用从而确定其损益的标准，称为会计基础或会计处理基础。由于会计核算“持续经营（运行）”和“会计分期”前提的存在，就有可能产生同一会计期间，各项收入和费用的发生与款项的实际收取和支付不一致的情况。例如，本月应收的收入可能在以后月份才到账，当然也可能由于种种原因在实现以前提前到账；本月应付的费用或支出可能在以后月份才实际支付，当然也可能由于种种原因需要在实际发生以前提前支付。对此，会计上有两种不同的处理标准（会计处理基础），一种是收付实现制，或称为现金基础、现金制；另一种是权责发生制，或称为应计基础、应计制。

（一）收付实现制与权责发生制

收付实现制以收入与费用的确认按款项是否已经收付为标准。凡本期收到的款项，均作为本期收入入账，而不论该项收入是否是在本期实现的；凡本期支付的款项，均作为本期费用（或支出）入账，而不论该笔支出是否是在本期发生的。

权责发生制以收入与费用的确认按权利已经形成和义务（责任）已经发生为标准。换言之，对于收入，不论款项是否收到，以权利形成确定其归属期；对于费用，不论款项是否付出，以支付责任的发生确定其归属期。具体来讲，凡本期已经实现的收入，均作为本期收入入账，而不论该项收入的款项是否在本期收到；凡本期已经发生的费用（或支出），均作为本期费用（或支出）入账，而不论该笔费用（或支出）的款项是否在本期支付。

另外，收付实现制以会计期间货币资金收付为标准入账，会计记录方法比较简单，但对各期收益和费用水平的核算反映却不够科学合理。权责发生制会计记录方法较为复杂，但比较好地克服了收付实现制的缺点，能够比较科学合理地反映各期费用水平和盈利情况。在企业经济活动中，为了更好地实现企业收入与费用的配比，正确地核算企业损益，真实地反映企业的财务状况，必须采用权责发生制。而行政事业单位会计主要是为预算资金的分配与使用服务，更加关注的是货币资金的实际收付情况，因此一般采用收付实现制。

（二）行政事业单位财务会计基础的采用

由于收付实现制的预算会计难以实现财政收支的匹配，无法正确地计量政府及行政事业单位的产出与成本；同时也不能反映政府已经发生的未来负债，从而导致产生一定的道德风险。20 世纪 90 年代以来，部分西方国家都在尝试和推进权责发生制的会计和预算改革，其中，新西兰、澳大利亚等实行了完全的权责发生制，还有很多国家实行的是修正的收付实现制或修正的权责发生制，即部分地采用一些权责发生制方法来弥补传统的收付实现制的缺陷，或者在采用权责发生制的同时保留了一定程度和范围的收付实现制的做法。

我国行政事业单位权责发生制的引入，具体采用以下两种方式:

（1）整个行业全面引入，属于修正的权责发生制范畴。例如，医院会计制度明确规定医院会计实行权责发生制，这就属于权责发生制会计基础在整个行业的全面推行。如今，医院应该是我国行政事业单位实行权责发生制的典范，但是按照医院财务制度的规定，医院利用财政补助收入或科教项目收入购建固定资产、无形资产等发生的支出，一方面要计入财政项目补助支出或科教项目支出；另一方面要同时计入固定资产和净资产，这就属于收付实现制的特征了。从这一角度来看，医院会计制度在总体上实行权责发生制的基础上，又个别地保留了收付实现制的特征，因此，具体而言，医院会计制度属于修正的权责发生制。

（2）某些特殊业务和事项引入，属于修正的收付实现制范畴。除了医院会计明确规定采用权责发生制基础，基层医疗卫生机构会计明确规定采用收付实现制基础外，其他行业事业单位会计均按照“一般采用收付实现制，特殊业务采用权责发生制”的要求进行会计核算。在这一“一般 + 特殊”的方式下，行政事业单位的会计基础在某种程度上带有权责发生制的特征，但权责发生制的实现要体现在固定资产计提折旧、应收应付款项的处理等方面，因此这种权责发生制特征的存在不是普遍性和常态性的，与国外推行的修正的收付实现制也有比较大的差距。

三、行政事业单位财务会计信息质量要求

会计信息质量要求是对会计主体财务报告中所提供会计信息质量的基本要求，是使财务报告中所提供会计信息对使用者决策有价值所应具备的基本特征。会计信息质量要求在早期也被称为会计核算的一般原则。

《事业单位会计准则》和《行政单位会计制度》中均专门有一章对“会计信息质量要求”进行了阐述和规定。行政事业单位的会计原则，具体包括可靠性、相关性、全面性、及时性、可比性、可理解性六个方面。

(1) 可靠性原则。行政事业单位应当以实际发生的经济业务或者事项为依据进行会计核算，如实反映各项会计要素的情况和结果，保证会计信息真实可靠。

(2) 相关性原则。行政事业单位提供的会计信息应当与行政事业单位受托责任履行情况的反映、会计信息使用者的管理、决策需要相关，有助于会计信息使用者对行政事业单位过去、现在或者未来的情况作出评价或者预测。

(3) 全面性原则。行政事业单位应当将发生的各项经济业务或者事项统一纳入会计核算，确保会计信息能够全面反映行政事业单位的财务状况和预算执行情况等。

(4) 及时性原则。行政事业单位对于已经发生的经济业务或者事项，应当及时进行会计核算，不得提前或者延后。

(5) 可比性原则。行政事业单位提供的会计信息应当具有可比性。同一行政事业单位不同时期发生的相同或者相似的经济业务或者事项，应当采用一致的会计政策，不得随意变更。确需变更的，应当将变更的内容、理由和对单位财务状况及预算执行情况的影响在附注中予以说明。同类行政事业单位中不同单位发生的相同或者相似的经济业务或者事项，应当采用统一的会计政策，确保同类单位会计信息口径一致，相互可比。

(6) 可理解性原则。行政事业单位提供的会计信息应当清晰明了，便于会计信息使用者理解和使用。

四、行政事业单位财务会计要素与会计等式

（一）行政事业单位财务会计要素

会计要素是对会计对象的基本分类，是提供会计信息的指标体系，是会计报表的基本组成项目。对各项会计要素的确认、计量、报告进行规范，不仅是建立会计理论的基础，也是设置会计科目和编制会计报表的依据。

所谓会计对象，就是会计核算和监督的基本内容。对行政事业单位而言，一方面要组织各项收入，满足单位的支出需求；另一方面要根据组织的收入来科学合理地安排支出。在行政事业单位资金运动的过程中，也就是在行政事业单位组织收入、安排支出的过程中，又会形成资产和负债，资产扣除负债后的余额就形成所谓净资产。根据行政事业单位资金运动的过程就可以看出，行政事业单位的会计对象就是单位在预算执行过程中发生的

收入、支出、结转结余以及由此形成的资产、负债和净资产等。按照行政事业单位业务或事项的经济特征，可以将行政事业单位的会计要素分为资产、负债、净资产、收入和支出（或费用）五类。

(1) 资产。资产是指行政事业单位占有或者使用的能以货币计量的经济资源，包括各种财产、债权和其他权利。

(2) 负债。负债是指行政事业单位所承担的能以货币计量，需要以资产或者劳务偿还的债务。行政事业单位的负债按照流动性，分为流动负债和非流动负债。

(3) 净资产。净资产是指行政事业单位资产扣除负债后的余额。行政单位的净资产包括财政拨款结转、财政拨款结余、其他资金结转结余、资产基金、待偿债净资产等。事业单位的净资产包括事业基金、非流动资产基金、专用基金、财政补助结转结余、非财政补助结转结余等。

(4) 收入。收入是指行政事业单位开展业务及其他活动依法取得的非偿还性资金。行政单位的收入包括财政拨款收入和其他收入。事业单位的收入包括财政补助收入、事业收入、上级补助收入、附属单位上缴收入、经营收入和其他收入等。

(5) 支出（或费用）。支出（或费用）是指行政单位为保证机构正常运转、完成工作任务，事业单位开展业务及其他活动，所发生的资金耗费和损失。行政单位的支出包括经费支出和拨出经费。事业单位的支出或者费用包括事业支出、对附属单位补助支出、上缴上级支出、经营支出和其他支出等。

（二）行政事业单位财务会计等式

“会计等式也叫会计平衡等式、会计平衡公式或会计恒等式，是指会计要素之间存在的必然相等的关系。”(缪匡华，2013)

1. 静态会计恒等式

净资产就是资产扣除负债后的余额。据此，可以导出如下公式：

$$资产-负债=净资产 \tag{1-1}$$

式（1－1）的含义，一方面从数量关系上看，对行政事业单位而言，单位的资产总额扣除单位的负债总额后的余额，就是属于行政事业单位所有的资产净值；另一方面从会计要素的经济含义上看，行政事业单位的资产，必须首先要扣除归属于债权人的负债后的余额，才是归属于出资人的净资产。经济含义的分析，表明对债权人权益的保护要优先于对出资人权益的保护。

行政事业单位从事业务活动，必须拥有或控制一定数量的能满足其需要的资产，这些资产无论是以怎样的形态存在，概括而言，一部分是由行政事业单位的出资人（即国家）提供的，即净资产；另一部分则是由单位的债权人提供的，即负债，出资人和债权人共同构成对行政事业单位资产的占有。因此，对式（1－1）进行变形，可以得出：

$$资产=负债+净资产 \tag{1-2}$$

式（1－2）作为最基本的会计恒等式，反映了资产、负债、净资产三要素之间的内在联系和数量关系，表明了单位在一定时点上的财务状况，因此式（1－2）也称为静态会计恒等式。由于资产、负债、净资产是构成资产负债表的要素，该公式是编制资产负债表的理论基础，故又被称为资产负债表等式。

需要注意的是，会计恒等式右边的负债和净资产两个要素的位置，通常情况下是不能颠倒的。因为两者前后位置的变化，虽然在数学意义上不影响等式的成立，但在经济意义上还是稍有不同的。“负债”列在“净资产”前面，表明对债权人的权益保护要优先于所有者，即当行政事业单位撤销清算时，单位资产要首先用于偿还债务，剩余的净资产才能由国家（出资人）处置。

2. 动态会计恒等式

行政事业单位在运行过程中，会取得一定数额的收入，同时也必然会发生一定数额的支出(或费用)。一定时期的收入和支出(费用)相配比，收支相抵后的余额即为结转结余。据此，可以推导出收入、支出（费用）和结转结余的等式关系：

收入－支出（费用）＝结转结余　　（1－3）

式（1－3）反映了经济业务运行过程中，收入和支出（费用）的配比关系及结转结余的形成。由于这三项要素均是行政事业单位的资金运动在同一会计期间的动态表现，由其构成的会计等式通常称为动态会计等式。而从企业会计来看，收入、费用和利润是构成利润表的要素，式（1－3）是编制利润表的理论基础，因此该等式又被称为利润表等式。对行政事业单位来讲，式（1－3）也是编制收入、支出表的理论基础，无论是从全部收支还是从项目收支的角度考察，某一期间单位的结转结余或项目的结转结余，就是已经实现的收入减去发生的支出（费用）后的差额。

3. 综合会计恒等式

收入可以导致行政事业单位资产的增加或负债的减少，最终导致净资产的增加，而支出（费用）可导致资产的减少或负债的增加，最终导致净资产的减少。如果收入大于支出（费用），净资产将按照式(1－3)确定的结转结余数额增加；如果收入小于支出(费用)，净资产将按照式（1－3）确定的结转结余数额（负数）减少。考虑到收入与支出对结转结余以致进一步地对净资产的影响，可以将式（1－2）和式（1－3）合并在一起，最终形成式（1－4）和式（1－5）：

资产＝负债＋净资产＋结转结余　　（1－4）

资产＝负债＋净资产＋收入－支出　　（1－5）

式（1－4）、式（1－5）反映了行政事业单位在运行过程中收支结转结余以及净资产的增减变动情况，因此属于动态会计恒等式。如果是在期初，尚未发生收支，也未形成结转结余，式（1－4）、式（1－5）就可简化成式（1－2）。而如果是在期末，收入、支出相抵后形成的结转结余实际上就是净资产的一部分，那么会计式(1－4)、式(1－5)

也同样恢复到期初的式（1 － 2）的形式和状态。由此可见，式（1 － 4）、式（1 － 5）是式（1 － 2）在发生收支形成结转结余后的表现形式，而式（1 － 2）则是式（1 － 4）、式（1 － 5）在收入和支出结转以后的表现形式。

由于资产、负债、净资产是构成资产负债表的三个会计要素，而收入、支出、结转结余(属于净资产的组成部分)则是构成收入支出表的三个会计要素，式(1 － 4)、式(1 － 5)将资产负债表和收入支出表联系结合起来，从而揭示了资产负债表和收入支出表表内要素相互间的内在联系和数量上的关系，以及两表之间有关项目的关系。不仅如此，会计恒等式还是设置账户、复式记账的理论依据。

第四节　行政事业单位财务会计的方法

会计核算方法是指会计对企业和行政事业单位已经发生的经济活动进行连续、系统、全面反映和监督所采用的方法，其主要内容包括设置会计科目和账户、复式记账、填制和审核会计凭证、登记账簿、成本计算（适用企业及行政事业单位的特殊项目）、财产清查和编制财务会计报告等几种方法。会计核算方法实际上是对会计核算全过程的综合反映，按照单位账务处理的流程，可以将会计核算过程分为开始环节、中间环节和最终环节。其中，填制、审核会计凭证是开始环节，登记会计账簿是中间环节，编制会计报告是最终环节。在一个会计期间，会计主体所发生的任何经济业务，都要通过这三个环节将经济业务转换为系统的会计信息，从而形成一个周而复始的会计循环过程。

一、行政事业单位财务的会计科目

所谓会计科目就是按照经济业务的内容和经济管理的要求，对行政事业单位会计要素的具体内容进行分类核算的项目。会计科目是设置账户和归集、核算各项经济业务的依据，与会计要素分类相适应，可以将行政事业单位的会计科目分为资产、负债、净资产以及收入、支出五大类。

会计科目按其所提供信息的详细程度及其统驭关系和核算层次的不同，又分为总分类科目和明细分类科目。总分类科目又称为总账科目或一级科目，在会计要素（或者大类会计科目）下直接开设，是对会计要素具体内容进行总括分类，提供总括信息的会计科目，如“财政补助收入”“事业支出”等科目。明细分类科目，又称为明细科目，是对总分类科目做进一步分类，提供更详细、更具体会计信息的科目，如“财政应返还额度”总分类科目下设置“财政直接支付”和“财政授权支付”两个二级明细科目；“财政补助结转”总账科目下设置“基本支出结转”“项目支出结转”两个二级科目，在“基本支出结转”二级明细科目下还要按照“人员经费”“日常公用经费”进行明细核算。总分类科目对明细分类科目具有统驭作用，明细分类科目对总分类科目起补充和说明作用。

需要注意的是，明细分类科目一般由行政事业单位根据本单位的经济业务核算情况自行设置，但部分总分类科目所属的明细科目，行政事业单位会计制度或者已经对其名称和内容做了明确规定，如行政事业单位“财政应返还额度”总分类科目下设置“财政直接支付”和“财政授权支付”两个二级明细科目，行政单位“资产基金”总分类科目下设置“预付款项”“存货”“固定资产”“在建工程”等七个明细科目；或者对明细科目的设置原则和要求做了明确规定，如事业单位“预付款项”总分类科目下应当按照供应单位（或个人）进行明细核算。行政事业单位应严格按照制度的规定设置明细科目，进行明细核算。

（一）行政事业单位财务会计科目的设置原则

（1）统一性原则。行政事业单位会计制度和事业单位会计准则均由财政部负责统一制定，总账会计科目的名称和编码必须统一，各级各单位不得自行更改。会计科目的统一性，保证了预算执行中，会计核算的一致性及可比性。

（2）适应性原则。行政事业单位会计科目的设置要与政府预算收支分类科目相适应，体现国家预算管理的需要。政府预算收支分类科目表示的内容，要有相应的会计科目与之对应，从而实现政府总预算与部门预算编制的有机衔接，有助于会计科目记录和反映的内容与预算执行情况的对比分析，满足预算管理的需要。

（3）实用性原则。行政事业单位会计科目的设置，既要全面系统地核算和监督预算资金执行情况，又要尽量简化核算事务，力求简繁适度。同时，由于行政单位、事业单位以及不同行业的事业单位，核算内容和重点各有侧重，在会计科目的设置上也应有所区别。

（二）行政事业单位财务会计科目的运用

（1）行政事业单位应当对有关法律、法规允许进行的经济活动，按照会计制度的规定使用会计科目进行会计核算，而不得以会计制度规定的会计科目及使用说明作为进行有关法律、法规禁止的经济活动的依据，这一要求的内在含义就是要区分会计核算的技术性处理与法律性处理问题。严格而言，会计准则和会计制度属于技术性层面，而财务规则和财务制度则属于规范性（政策性）层面，因此，在具体会计核算过程中，不能以技术性层面的要求替代规范性层面的要求。例如，按照会计制度的规定，行政单位的银行存款利息收入应当记入“其他收入”会计科目，但如果财政部门规定利息收入属于应上缴财政的款项时，单位就不能以会计制度的规定为理由，拒绝将利息收入上缴财政。

（2）在具体的会计科目设置过程中，因没有相关业务不需要使用的总账科目可以不设；在不影响会计处理和编报财务报表的前提下，行政事业单位可以根据实际情况自行增设明细科目，或者自行减少、合并明细科目。

（3）会计科目的编号实行统一编码，以便于填制会计凭证、登记账簿、查阅账目、实行会计信息化管理。行政事业单位不得随意打乱重编行政事业单位会计制度规定的会计科目编号。

(4) 行政事业单位在填制会计凭证、登记会计账簿时，应当填列会计科目的名称，或者同时填列会计科目的名称和编号，不得只填列科目编号、不填列科目名称。

二、行政事业单位的财务账户与记账方法

（一）行政事业单位财务账户

账户是用来记录各个会计科目所反映的经济业务内容的一个空间或场所，具体就是指在会计工作中，为了反映有关单位的经济活动情况及其结果，对其所有经济业务所作的分类记录。账户与会计科目既有联系也有区别。一方面，账户是根据会计科目设置的，设置会计科目的目的就是为了设置账户，因此，会计科目的名称就是会计账户的名称，两者核算的经济内容是一致的；另一方面，会计科目只有名字，仅仅可以反映具体经济内容，而会计账户具有一定的结构与格式，可以记录和反映会计要素增减变化及结果。账户除列明“账户名称”(即“会计科目”名称) 外，一般还设有“日期”“记账凭证号数”“摘要”“借方”“贷方”“余额”等栏。设置账户是会计核算的重要方法之一。

同会计科目的分类相对应，账户按其所提供信息的详细程度及其统驭关系不同，分为总分类账户（简称总账账户或总账）和明细分类账户（简称明细账)，其中，总账是根据总分类科目设置，明细分类账户是根据明细分类科目设置，分别用来反映总分类会计科目和明细分类会计科目的增减变动及变动结果情况。账户还可以按其所反映的经济内容进行分类，根据经济内容的不同，可以将企业会计账户分为资产类、负债类、所有者权益类、成本类、损益类账户，行政事业单位会计账户可以分为资产类、负债类、净资产类、收入类和支出类账户。

（二）行政事业单位财务的记账方法

所谓记账方法，就是根据单位所发生的经济业务（或会计事项)，采用特定的记账符号并运用一定的记账规则，在账簿中进行登记的方法。按照登记经济业务方式的不同，记账方法可分为单式记账法和复式记账法。

第一，单式记账法是指一项经济业务发生，一般只在一个会计科目进行登记的方法。单式记账法只能反映经济业务的一个侧面，会计记录之间不存在相互勾稽关系，账户与账户之间没有必然的内在联系，也没有相互对应平衡的概念，因此，不能全面、系统地反映经济业务的往来，不便于检查账簿记录的正确性。

第二，复式记账法是从单式记账法发展演变而来的，这种记账方法是对所发生的经济业务，以相等的金额在两个或两个以上账户中进行登记的方法。在复式记账法下，由于对每项经济业务都以相等的金额在相互对应的账户中做双重记录，因此，账户之间存在相互勾稽关系，可以了解每项经济业务的来龙去脉，还可以用试算平衡的方法检验账簿记录的正确性，是一种比较科学的记账方法，因此被世界各国广泛采用。复式记账方法有多种形

式，如借贷记账法、增减记账法和收付记账法，其中收付记账法又分为现金收付记账法和资金收付记账法。

（三）行政事业单位财务的借贷记账法

借贷记账法以“借”和“贷”两个字作为记账符号，在任何一个账户中均设置“借”“贷”两个相反的记账方向：一方用于核算账户的增加额，另一方用于核算账户的减少额。需要注意的是借”“贷”的最初含义是从借贷资本家的角度来解释的，“借”表示“人欠”，“贷”表示“欠人”。随着经济的发展和经济活动内容的日趋复杂，人们运用“借”“贷”所记录的内容也在不断增加，“借”“贷”也就失去了原有的含义，逐步演变为纯粹的记账符号。因此，我们不能直接将“借”或“贷”简单地理解为增加或减少，而只能将其理解为记账符号。

借贷记账法下账户的基本结构包括借方、贷方和余额，借贷记账法的基本记账规则是“有借必有贷，借贷必相等”，这一规则具有两层含义：一是当经济业务发生时，如果在一个或几个账户中记借方，必须同时在另一个或几个账户中记贷方；或者在一个或几个账户中记贷方，必须同时在另一个或几个账户中记借方。二是记入借方的总额必须与记入贷方的总额相等。

三、行政事业单位财务的会计凭证与会计账簿

（一）行政事业单位的会计凭证

会计凭证是记录经济业务、明确经济责任、按一定格式编制的据以登记会计账簿、进行会计监督的书面证明。填制和审核会计凭证是会计循环的起点，行政事业单位发生经济业务以后，必须按照规定履行签章手续，填制和审核会计凭证，经审核无误后才能据此登记入账。会计凭证按其填制程序和用途不同，可以分为原始凭证和记账凭证两种。

1. 原始凭证

原始凭证是在经济业务发生时从外单位取得或由本单位有关人员自行填制的凭证，是发生会计事项唯一合法的证明，是填制记账凭证、登记明细账的原始依据。原始凭证按照来源划分，可分为外来原始凭证和自制原始凭证。会计人员对各种原始凭证要认真审核。对于违反国家财政制度和财务制度规定的收支，会计人员应不予办理；对于记载不准确、不完整的原始凭证，应予以退回，要求更正、补充；对于不真实不合法的原始凭证，或弄虚作假、虚报冒领的原始凭证，应拒绝受理，并及时报告相关领导，进行严肃处理。

2. 记账凭证

记账凭证是根据审核无误的原始凭证或原始凭证汇总表编制的，并作为登记账簿依据

的凭证。尤其是实行会计电算化后，作为总账系统的唯一数据源，电子账簿的准确与完整完全依赖于记账凭证，记账凭证的作用就更加重要了。

按照经济业务是否涉及货币资金以及货币资金的运动方向，行政事业单位的记账凭证可以分为收款凭证、付款凭证和转账凭证三种。收款凭证是用于记载与现金或银行存款等货币资金收入有关的记账凭证；付款凭证是用于记载与现金或银行存款等货币资金付出有关的记账凭证；转账凭证是用于记载除货币资金收付业务以外的其他经济业务的记账凭证。经济业务不多的行政事业单位也可以完全采用转账凭证作为记账凭证。

行政事业单位的记账凭证发生错误时，不得挖补、涂抹、刮擦，更不得使用化学药水消字，应视情况分别采取作废重填法、红字冲正法、红字冲销法和补充登记法等不同方法进行更正。

（二）行政事业单位财务会计账簿

会计账簿是会计核算过程中，以会计凭证为依据，运用账户，序时、分类地记录和反映各项经济业务活动的簿籍。设置和登记账簿是正确组织会计核算的重要环节，是会计核算的一项重要方法，也是划清经济责任、进行会计分析和检查的重要依据。账簿按其用途可以分为总账、明细账、日记账和备查账四种。

总账是按总账科目设置的，反映资金活动总括情况的账簿。利用总账，一是可以记录核算资产、负债、净资产以及收入、支出、结转结余的总括情况；二是可以控制和核对各种明细账；三是可以为编制会计报表提供依据。所有的行政事业单位都必须设置总账。总账格式通常采用三栏式订本账簿，账页上设置“借方”“贷方”和“余额”三栏。

明细账是按照规定的明细科目和核算需要设置的，用于对总账有关科目进行明细核算的账簿。与明细分类科目与总分类科目的关系相对应，明细账受总账的控制和统驭。通过设置明细账，一是详细记载会计要素的增减变动；二是对其所属的总账起补充辅助作用；三是为编制会计报表提供必要的详细资料；四是为会计监督、稽核和检查提供翔实的依据。因此，行政事业单位在设置总账的基础上，应根据财务核算与管理的实际需要设置必要的明细账。明细账的格式可根据预算管理和财务管理的需要，采用三栏式或多栏式。行政事业单位明细账主要包括收入明细账、支出明细账、往来款项明细账和其他资产明细账等。

日记账又称序时账，是按照经济业务发生的时间先后顺序，逐日逐笔登记经济业务的账簿。日记账主要包括现金日记账、银行存款日记账等。日记账采用三栏式订本账簿，不能采用活页账。

备查账又称辅助账，是用来对某些在序时账和分类账等主要账簿中未能登记的事项，或记载不全的经济业务进行补充登记的账簿。备查簿的主要作用是记录备查业务，从而为经济管理与会计核算提供必要的参考资料。备查簿没有固定格式，与其他账簿之间不存在依存和勾稽关系，其格式可由行政事业单位根据内部管理的需要自行确定。为方便使用，备查账簿一般采用活页式账簿。

行政事业单位应根据会计制度的规定和单位实际管理的需要设置备查账簿。具体包括：①商业汇票；②应收票据；③应付票据；④应付政府补贴款；⑤核销的应收账款；⑥核销的预付账款；⑦核销的应付账款；⑧核销的其他应付款；⑨核销的长期应付款；⑩出租、出借的存货；⑪借入、以经营租赁方式租入的固定资产；⑫出租、出借的固定资产；⑬科研单位的未确认无形资产等。

为了做好记账工作，明确记账人员的责任，保证会计核算的质量，应按照统一的要求使用和登记账簿。

四、行政事业单位财务报告分析

行政事业单位财务报告是以日常会计核算资料为依据，以货币为计量结果，用一定的财务指标体系，总括反映一定时期行政事业单位预算执行情况、财务结果及其分配情况的报告文件。财务报告是根据单位账簿记录和有关资料加以归类、整理、分析和汇总后编制的。

（一）行政事业单位财务报告的作用

行政事业单位会计核算的目标就是向会计信息使用者提供与行政事业单位财务状况、预算执行情况等有关的会计信息，反映行政事业单位受托责任的履行情况。提供会计信息的主要渠道就是财务报告，编制财务报告是行政事业单位会计核算过程的最后一个环节，也是会计核算工作的总结。因此，具有重要的作用和意义。

根据《行政单位会计制度》和《事业单位会计准则》的规定，行政单位会计信息使用者包括各级人民代表大会、政府及其有关部门、行政单位自身和其他会计信息使用者；事业单位会计信息使用者包括政府及其有关部门、举办（上级）单位、债权人、事业单位自身和其他利益相关者。财务报告所提供的会计信息对于各个层面使用者的重要作用主要体现在以下方面：

（1）对各级人民代表大会来说，通过行政事业单位的财务报告所提供的信息，可以了解政府对人大批准预算的执行情况，以及政府对国家有关法律、法规的贯彻落实情况，从而进一步加强对政府的预算监督。

（2）对有关部门而言，通过行政事业单位的财务报告所提供的信息，可以了解行政事业单位的预算执行情况、预算资金绩效和资产使用效率，能够了解行政事业单位对政府制定的相关目标任务的完成情况，可以全面掌握行政事业单位有关财经纪律和法规的遵守情况，有助于进一步加强对行政事业单位财务会计活动的控制和监督，也为核定下一年度预算、制定相关政策提供重要参考。

（3）对举办（上级）单位而言，通过事业单位的财务报告所提供的信息，可以了解单位的财务收支状况，掌握其财务活动的特点和规律，为今后改进和制定对事业单位的财务管理办法提供参考和依据。

（4）对债权人而言，通过事业单位财务报告所提供的信息，可以了解事业单位的财务状况及资金情况，评估单位的短期偿债能力、长期偿债能力以及财务风险程度，从而进一步强化对债权资金的安全性监控。

（5）对行政事业单位自身而言，通过财务报告所提供的信息，可以全面了解单位自身的各项预算指标和计划的完成情况，发现财务会计管理中存在的问题，从而有针对性地提出加强和改进内部管理的措施，也为编制以后年度预算、进行管理决策提供重要参考。

（二）行政事业单位财务报告的构成

关于行政事业单位的财务报告、报表目前主要有财务报告、财务会计报告、财务报表和会计报表等四种说法。例如，《行政单位财务规则》和《事业单位财务规则》提到的是财务报告，《事业单位会计准则》中提到的是财务会计报告，《行政单位会计制度》和《事业单位会计制度》中提到的则是财务报表和会计报表。

综合而言，财务报告与财务会计报告两者实际上是一致的，我们通常称为财务报告。财务报告包括财务报表和财务情况说明书。其中，关于财务报表的组成，《行政单位财务规则》规定，行政单位财务报表包括资产负债表、收入支出表、支出明细表、财政拨款收入支出表、固定资产投资决算报表等主表及有关附表。《事业单位财务规则》规定，事业单位财务报表包括资产负债表、收入支出表、财政拨款收入支出表、固定资产投资决算报表等主表及有关附表，比行政单位财务报表少了支出明细表。《事业单位会计准则》和《行政单位会计制度》《事业单位会计制度》对财务报表做进一步的细分，财务报表由会计报表及其附注构成，其中，会计报表包括资产负债表、收入支出表和财政拨款（补助）收入支出表等。

（三）行政事业单位财务报告的编制及要求

财务报告是各类会计信息使用者了解行政事业单位财务状况和预算执行情况的主要信息来源，也是行政事业单位加强内部管理、进行管理决策的重要依据。因此，行政事业单位应当按照有关规定，全面、真实、及时地编制财务报告，并提供给相关的信息使用者。在编制财务报告时，行政事业单位应遵循以下要求：

（1）格式统一。财务报告的格式、内容由财政部门和主管部门按照统一领导、分级管理的原则，依据财务管理和会计制度的规定统一确定。行政事业单位编制财务报告，要严格按照统一规定的格式、内容和编制方法，不得随意删改，以保持财务报表的统一性和报表数据的可比性。

（2）数字真实。行政事业单位编制财务报告要以核对无误的会计账簿记录为依据，不得以估计数、推算数填列，更不得弄虚作假，隐瞒收支情况。财务报表数据计算要准确，各表之间数字有勾稽关系的，必须相互衔接。

（3）内容完整。财务报表体系中的各类报表要编制齐全，不得缺表，对各财务报表中包含的每个项目的数据，除未发生者外，都必须填列齐全，不得遗漏，特别要注意根据收支统一管理、全面反映单位财务各项收支的要求，将有关收支项目全部编入财务报表中，不得放在表外。同时，在编制财务报表后，要针对财务报表有关需要说明的事项，编写财务情况说明书，形成完整的财务报告。

（4）说明清晰。会计报表之外的附注以及财务情况说明书，均为财务报告的重要组成部分，对财务报告的完整性及会计信息使用者具有重要作用。对于这些说明性的文字，应力求表述简明扼要，表达清晰到位，以使财务会计信息的使用者能够更加全面地理解和把握报告的本质内容。

（5）编报及时。行政事业单位应按照财务制度规定的时间及时编制财务报告，并按照财政部门和主管预算单位规定的时间和程序要求报送，更好、更快地满足行政事业单位领导、主管部门、财政部门和其他有关方面对财务会计信息的需要。

第二章 行政单位财务会计核算

第一节 行政单位资产的核算

一、行政单位的资产

资产是行政单位占有或者使用的，能以货币计量的经济资源。行政单位的资产特征包括：第一，资产是一种经济资源，能够为行政单位正常运转提供或创造客观条件；第二，资产能够用货币进行计量，从而使行政单位可以确认和计量资产价值；第三，资产为行政单位所占有或使用，或者在法律上享有资源的所有权，或者能够具有资源的使用权。

行政单位的资产包括流动资产和非流动资产。其中，流动资产是指可以在1年以内(含1年）变现或者耗用的资产，包括库存现金、银行存款、零余额账户用款额度、财政应返还额度、应收及预付款项、存货等。非流动资产是指流动资产以外的其他资产，包括固定资产、在建工程、无形资产、政府储备物资、公共基础设施、受托代理资产等。与非流动资产相比，流动资产具有形态变动性、价值一次性消耗或者转移、周转期限短的特点。

（一）行政单位资产的确认与计量

行政单位对于资产，应当在取得对其相关的权利并且能够可靠地进行货币计量时确认。符合资产定义并确认的资产项目，应当列入资产负债表。

行政单位的资产应当按照取得时实际成本进行计量。除国家另有规定外，行政单位不得自行调整其账面价值，具体包含以下内容：

（1）应收及预付款项。应收及预付款项应当按照实际发生额计量。

（2）对价资产。以支付对价方式取得的资产，应当按照取得资产时支付的现金或者现金等价物的金额，以及所付出的非货币性资产的评估价值等金额计量。

（3）非对价资产。非对价资产应当按照以下顺序确认价值：①取得资产时没有支付对价的，其计量金额应当按照有关凭据注明的金额加上相关税费、运输费等确定；②没有相关凭据但依法经过资产评估的，其计量金额应当按照评估价值加上相关税费、运输费等确定；③没有相关凭据也未经评估的，其计量金额比照同类或类似资产的市场价格加上相关税费、运输费等确定；④没有相关凭据也未经评估，其同类或类似资产的市场价格无法可靠取得，所取得的资产应当按照名义金额（即人民币 1 元）入账。

需要注意的是，“名义金额”作为一个新的计量计价金额，是行政单位会计核算及财务管理上的新内容。对于公允价值无法确定，但又确实存在的资产，以名义金额入账，并在会计报表附注中说明，至少可以使资产在账上有所体现，从而避免资产流失。因此，名义金额的运用，一方面使资产管理更具全面性，另一方面也使会计信息更加完整。

（二）行政单位资产的管理

1. 行政单位资产的管理原则

（1）资产管理与预算管理相结合。行政单位资产绝大部分是财政预算资金形成的，预算安排的资金数量，预算安排的科学性、规范性，直接决定了资产的配置数量，也决定了资产配置的公平性和合理性。同时，资产管理也是预算管理的一项基础性工作，资产管理的结果是部门预算编制和资产配置的依据。

（2）资产管理与财务管理相结合。资产是会计核算的重要因素，资产管理是财务管理的有机组成部分，与财务管理不可分割。如果将两者割裂开来，将会导致资产管理与财务管理脱节，既不能真正加强资产管理，也会影响财务管理工作。

（3）实物管理与价值管理相结合。实物管理与价值管理是资产管理的两个方面，一般由行政单位内部两个不同的部门负责。实物管理主要侧重于保障实物资产的安全完整，价值管理主要侧重于账务管理。实物管理是价值管理的基础，价值管理为实物管理提供了依据，两者相互依存，互相制约。

2. 行政单位资产的管理体制

行政单位国有资产管理，实行国家统一所有，政府分级监管，单位占有、使用的管理体制。国家统一所有，是国有资产属于全民所有，具体由国务院代表国家行使国有资产的所有权，财政部代表中华人民共和国国务院对行政单位国有资产实行综合管理；政府分级监管，是国家对行政单位国有资产实行中央、省、市、县、乡五级分工监督管理；单位占有使用是行政单位拥有支配和使用的权利，依据有关规定经批准，可以对资产进行出租、出借和处置。

3. 行政单位资产的使用管理

行政单位应当建立健全国有资产使用管理制度，规范国有资产使用行为。同时，认真做好国有资产的使用管理工作，做到物尽其用，充分发挥国有资产的使用效益；保障国有资产的安全完整，防止国有资产使用中的不当损失和浪费。对所占有、使用的国有资产，行政单位应当建立严格的国有资产管理责任制，将国有资产管理责任落实到人；同时建立定期清查盘点机制，做到家底清楚，账、卡、实相符，防止国有资产流失。

行政单位还要注意不得用国有资产对外担保（法律另有规定的除外），不得以任何形式用占有、使用的国有资产举办经济实体。已经用占有、使用的国有资产举办经济实体的，应当按照国家关于党政机关与所办经济实体脱钩的规定进行脱钩。

行政单位拟将占有、使用的国有资产对外出租、出借的，必须事先上报同级财政部门审核批准。未经批准，不得对外出租、出借。出租出借所形成的收入，按照政府非税收入管理的规定，实行“收支两条线”管理。

4. 行政单位资产的处置管理

行政单位国有资产处置是行政单位国有资产产权的转移及核销，具体包括调剂（无偿转让）、出售、置换、报损、报废等形式。下列资产可以由行政单位依法依规进行处置：①闲置资产；②因技术原因并经过科学论证，确需报废、淘汰的资产；③因单位分立、撤销、合并、改制、隶属关系改变等原因发生的产权或者使用权转移的资产；④盘亏、呆账及非正常损失的资产；⑤已超过使用年限无法使用的资产；⑥依照国家有关规定需要进行资产处置的其他情形。

资产处置应当由行政单位资产管理部门会同财务部门、技术部门审核鉴定，提出意见，按审批权限报送审批。资产处置应当按照公开、公正、公平的原则进行。资产的出售与置换应当采取拍卖、招投标、协议转让及国家法律、行政法规规定的其他方式进行。行政单位国有资产处置的变价收入和残值收入，按照政府非税收入管理的规定，实行“收支两条线”管理。

“行政单位分立、撤销、合并、改制及隶属关系发生改变时，应当对其占有、使用的国有资产进行清查登记，编制清册，报送财政部门审核、处置，并及时办理资产转移手续。”（崔运政、何宪红、张海静等，2015）

二、行政单位的货币资金

（一）库存现金

库存现金具有普遍的可接受性，可以随时用来购买货物，支付费用，偿付债务，也可以随时存入银行，是行政单位流动性最强的资产。正因为现金的可接受性和流动性非常强，行政单位必须要按规定加强对库存现金的管理和会计核算。

行政单位应设置“库存现金”总账科目，核算行政单位库存现金的增减变动及结存情况。“库存现金”属于资产类科目，借方登记库存现金的收入或增加，贷方登记库存现金的付出或减少，借方余额表示实际持有的库存现金。

库存现金的会计核算较为简单。其中，行政单位收到现金时，应借记“库存现金”科目，贷记“银行存款”“零余额账户用款额度”等科目。行政单位将现金存入银行等金融机构，或将现金退回单位零余额账户，应借记“银行存款”“零余额账户用款额度”等科目，贷记“库存现金”科目。库存现金的会计核算需要注意以下方面：

第一，关于现金日记账。行政单位应当设置“现金日记账”，由出纳人员根据收付款凭证，按照业务发生顺序逐笔登记。每日终了，应当计算当日的现金收入合计数、现金支出合计数和结余数，并将结余数与实际库存数核对，做到账款相符。

第二，关于明细核算。库存现金不需要设置明细科目，但如果行政单位有外币现金的，应当分别按照人民币、外币种类设置“现金日记账”进行明细核算。有现金为受托代理资产的，可以在“库存现金”科目下设置“受托代理资产”明细账，对单位受托代理资产中的库存现金进行明细核算。

第三，关于出差借款。因支付内部职工出差等原因所借出或收回的现金，应通过“其他应收款”科目核算。借出时，借记“其他应收款”科目，贷记“库存现金”科目；报销及还款时，按照应报销的金额，借记有关科目，按照实际借出的现金金额，贷记“其他应收款”科目，按照其差额，借记或贷记“库存现金”科目。

第四，关于现金短缺或溢余。核对库存现金时发现有待查明原因的现金短缺或溢余，应通过“待处理财产损溢”科目核算。属于现金短缺，应当按照实际短缺的金额，借记“待处理财产损溢”科目，贷记“库存现金”科目；属于现金溢余，则作相反的账务处理，按照实际溢余的金额，借记“库存现金”科目，贷记“待处理财产损溢”科目。

（二）银行存款

银行存款是行政单位存放在银行或其他金融机构的货币资金。行政单位银行存款主要是由财政拨款形成的，是行政单位履行职能的重要保证，因此，行政单位应切实加强对银行存款的管理与核算。

1. 设立银行存款账户

（1）银行账户的设置。中央预算单位只能开设一个基本存款账户和一个基本建设资金专用存款账户，基本存款账户用于办理本单位预算内、预算外、自筹以及往来等资金的日常转账结算和现金收付等业务；基本建设资金专用存款账户用于核算本单位使用的各种基建资金。

单位按有关规定收取的预算内、预算外资金，可开设一个预算收入汇缴专用存款账户，专项用于预算内、预算外资金的收缴，不得用于本单位的支出。

单位根据住房管理制度改革的有关规定，可分别开设一个售房收入、住房维修基金及其利息、个人公积金、购房补贴专用存款账户，用于核算职工按住房制度改革政策规定缴纳的购房款等资金。单位按相关规定可开设党费、工会经费专用存款账户。需开设外汇账户、外汇人民币限额账户的预算单位，可根据有关规定，按程序办理。

此外，单位因特殊原因，经批准可开设如下账户：①垂直管理独立核算的非法人机构，确需开设的基本存款等账户；②中央一级预算单位独立核算的离退休机构，确需开设的离退休经费专户；③系统财务与本级机关财务机构分设并对所属单位有转拨经费的一级预算单位，确需开设的经费转拨账户；④其他特殊情况，确需开设的账户。

（2）开户银行的选择。预算单位原则上应在国有银行、国有控股银行开立银行账户，确需在其他银行开立账户的基层预算单位，应在确保资金安全的前提下，对银行的资质、经营状况、资产质量等进行综合考量，并报上级主管单位审核同意后，按规定审批程序办理开户。

（3）银行账户的开立与撤销。中央预算单位开立、撤销银行账户，实行财政审批、备案制度。一级预算单位开立银行账户由财政部审批，二级及以下预算单位由所在省或计划单列市的财政监察专员办事处审批。单位持财政部或专员办签发的“中央预算单位开立银行账户批复书”，在 15 个工作日内到相关银行办理开户手续，并在开立银行账户后 3 个工作日内向财政部门备案。

单位银行账户使用期满时必须撤户。确需延长账户使用期的，应提前按程序重新报批。在开立后 1 年内没有发生资金往来业务的银行账户，应作撤销处理。

（4）国库集中支付改革后的账户处置。实行财政国库管理制度改革的中央预算单位，由财政部门按规定为其开设零余额账户和中央财政汇缴专户；其原有账户确需保留的，按规定程序审批后可暂保留。

2. 管理银行存款账户

行政单位必须严格银行开户管理，要严格遵守银行的各项结算制度和现金管理制度，接受银行监督和管理。银行账户只限于本单位使用，不得出租、出借或转让。各种收付款凭证必须如实填明款项来源或用途。行政单位的“银行存款日记账”要定期与“银行对账单”核对，至少每月核对一次。月度终了，行政单位账面余额与银行对账单余额之间如有差额，必须逐笔查明原因并进行处理。如果是由于单位或银行之间存在未达账项，行政单位应按月编制“银行存款余额调节表”，对双方的余额进行调节并使之相符。

3. 银行存款的核算方式

（1）会计科目设置。行政单位应当严格按照国家有关支付结算办法的规定办理银行存款收支业务，并按照会计制度的规定核算银行存款的各项收支业务。行政单位应设置“银行存款”科目，核算存放在银行及其他金融机构的各种款项的收支及结存情况。“银行存款”属于资产类科目，借方登记银行存款的增加，贷方登记银行存款的减少，借方余额表示单位实际存放在银行或其他金融机构的款项。

行政单位应当按开户银行或其他金融机构、存款种类及币种等，分别设置“银行存款日记账”，由出纳人员按照业务的发生顺序逐笔登记。对绝大多数行政单位而言，一般只需要根据开户银行设置一级明细科目即可。有银行存款为受托代理资产的行政单位，可以在“银行存款”科目下设置“受托代理资产”明细账，对单位受托代理资产中的银行存款进行明细核算。

(2) 人民币存款账务处理。行政单位将款项存入银行或者其他金融机构，借记“银行存款”科目，贷记“库存现金”“其他收入”等有关科目。提取和支出存款时，借记“库存现金”“经费支出”等有关科目，贷记“银行存款”科目。收到银行存款利息，借记“银行存款”科目，贷记“其他收入”等科目。支付银行手续费或银行扣收罚金等时，借记“经费支出”科目，贷记“银行存款”科目。

(3) 外币存款账务处理。行政单位发生外币业务的，应当按照业务发生当日或当期期初的即期汇率，将外币金额折算为人民币金额记账，并登记外币金额和汇率。期末，各种外币账户的期末余额，应当按照期末的即期汇率折算为人民币，作为外币账户期末人民币余额。调整后的各种外币账户人民币余额与原账面余额的差额，作为汇兑损益计入当期支出。

第一，以外币购买物资、劳务等，按照购入当日或当期期初的即期汇率将支付的外币或应支付的外币折算为人民币金额，借记有关科目，贷记“银行存款”“应付账款”等科目的外币账户。

第二，以外币收取相关款项等，按照收入确认当日或当期期初的即期汇率将收取的外币或应收取的外币折算为人民币金额，借记“银行存款”“应收账款”等科目的外币账户，贷记有关科目。

第三，期末，根据各外币账户按期末汇率调整后的人民币余额与原账面人民币余额的差额，作为汇兑损溢，借记或贷记“银行存款”“应收账款”“应付账款”等科目，贷记或借记“经费支出”等科目。

（三）零余额账户用款额度

零余额账户是财政部门按照国库集中支付体系设计，为财政部门和预算单位在商业银行开设的账户，用于财政直接支付和财政授权支付及清算。零余额账户平常是没有资金沉淀的，财政部门根据预算安排及单位的申请，为预算单位的零余额账户核定一个用款额度，单位在这个额度内向开户银行发出支付指令，银行根据指令用自己的资金垫付，之后再与国库进行清算，从而保持“无余额过夜”。因此，尽管预算单位零余额账户并不是一个实存资金账户，但只要财政部门核定的零余额账户的用款额度未用完，这一额度仍然挂在单位的零余额账户名下，单位可以继续通过单位零余额账户使用剩余的用款额度，实现资金支付。因此，零余额账户用款额度是实行国库集中支付改革后新出现的，预算单位可以随时使用的一项特殊的流动资产。

1. 零余额账户分类

零余额账户是财政部门或预算单位经财政部门批准，在国库集中支付代理银行和非税收入收缴代理银行开立的，用于办理国库集中收付业务的银行结算账户，其主要包括财政部门零余额账户、预算单位零余额账户和财政汇缴零余额账户（即财政汇缴专户）三类。其中，财政部门零余额账户和财政汇缴零余额账户的性质为专用存款账户；预算单位零余额账户的性质为基本存款账户或专用存款账户。预算单位未开立基本存款账户，或原基本存款账户在国库集中支付改革后已经按财政部门要求撤销的，经同级财政部门批准，预算单位零余额账户作为基本存款账户；除上述情况外，预算单位零余额账户作为专用存款账户。

财政部门零余额账户和财政汇缴零余额账户是由财政部门开设，分别用于财政直接支付和预算收入汇缴。单位零余额账户由预算单位经财政部门批准在国库集中支付代理银行开设，用于财政授权支付和清算。单位零余额账户本质上就是银行账户，单位应按照开设普通银行账户的审批程序开设零余额账户。其实，无论是财政部门零余额账户还是单位零余额账户，都与预算单位的资金支付方式有直接的关系。预算单位的授权支付资金走的是单位零余额账户，即首先由单位零余额账户的开户银行垫付资金（垫付后单位零余额账户余额实际为负数），当天轧账前，垫付资金再由代理银行统一与国库单一账户进行清算，零余额账户余额归零。预算单位的直接支付资金走的是财政部门零余额账户，预算单位先向财政部门提出支付申请，财政部门审核同意后向财政部门零余额账户的代理银行发出支付令，代理银行据此从财政部门零余额账户将款项垫付给收款人（垫付后财政零余额账户余额实际为负数）；每日轧账时再由代理银行与国库单一账户进行清算，财政部门零余额账户余额归零。

与单位零余额账户不同的是，预算单位尽管可以通过财政部门零余额账户直接支付资金，但财政部门零余额账户的所有者是属于财政部门的，应由财政总预算会计进行核算和管理，预算单位只能向财政部门提出支付申请，只有财政部门才能向财政部门零余额账户发出支付指令。因此，虽然预算单位的财政直接支付预算指标是与财政部门零余额账户直接对应，但在直接支付前这种预算指标仍然属于财政部门，不能作为预算单位的资产。也正是因为这个原因，预算单位在收到财政部门核定的直接支付预算指标后，在会计核算上并不能确认收入和资产；而只有在发生直接支付业务以后，才能确认本单位的收入，但此时也不能确认资产了，因为资金已经直接支付走了，只能同时确认支出。只有在年末，单位未用的财政直接支付预算指标才通过“财政应返还额度”形成单位的资产。

2. 管理零余额账户

零余额账户需由同级财政部门批准开立，并出具证明文件，由开户银行报经中国人民银行核准后核发开户许可证。

(1) 预算单位新开立零余额账户，财政部门在批准开户时，应同时明确账户性质（基本存款账户或专用存款账户）。零余额账户的变更、合并与撤销须经同级财政部门批准，并按照财政国库管理制度规定的程序和要求执行。

(2) 财政部门原则上只能为预算单位开立一个预算单位零余额账户，为执收单位开立一个财政汇缴零余额账户。确因特殊管理需要（如存在异地办公并独立核算的非法人机构等情形)，需要开立一个以上账户的，应当通过主管部门向同级财政部门提出申请，经同级财政部门批准后开立。财政部门在同一家代理银行原则上只能开立一个财政部门零余额账户。

(3) 财政部门零余额账户和预算单位零余额账户的用款额度具有与人民币存款相同的支付结算功能。财政部门零余额账户可以办理转账等支付结算业务，但不得提取现金。预算单位零余额账户可办理转账、汇兑、委托收款和提取现金等支付结算业务。

(4) 预算单位零余额账户需办理同城特约委托收款业务的，应与代理银行签订授权协议，授权代理银行在接到煤、电、水等公用企业提供的收费通知单后，从预算单位零余额账户的财政授权支付额度内划拨资金，并相应扣减预算单位对应项级科目（项目）下的财政授权支付额度。

(5) 代理银行应当严格按照财政部门下达的用款额度办理支付结算业务，在有相应科目用款额度的情况下，不得违反规定拒绝办理支付结算业务。

(6) 财政直接支付和财政授权支付业务发生退款时，所退资金应按原支付渠道逐个环节退回到零余额账户，最终退回到国库单一账户。

(7) 年末，对于尚未使用完的用款额度，由代理银行予以注销，单位将零余额账户用款额度转作应收款项；对于财政部门已经下达预算指标但尚未下达用款额度的部分，单位应在转作应收款项的同时确认收入。

需要注意的是，在绝大多数地方，都将零余额账户定位于“只能出不能进”，即预算单位零余额账户只能用于办理支付业务，单位的自有收入、经营收入、往来资金等非财政性资金，不得进入本单位零余额账户。

3. 零余额账户用款额度的核算方式

行政单位应设置“零余额账户用款额度”会计科目，核算实行国库集中支付的行政单位根据财政部门批复的用款计划，收到和支用的零余额账户用款额度。

行政单位收到零余额账户用款额度时，应借记“零余额账户用款额度”科目，贷记“财政拨款收入”科目。按规定支用额度或提取现金时，借记“经费支出”“库存现金”等科目，贷记“零余额账户用款额度”科目。年末，注销用款额度时，应借记“财政应返还额度——财政授权支付”科目，贷记“零余额账户用款额度”；对于财政部门已经下达指标但尚未下达用款额度的，借记“财政应返还额度——财政授权支付”科目，贷记“财政拨款收入”科目。

需要注意的是，按照会计制度的规定，行政单位应对财政拨款收入按照基本支出（人员经费、日常公用经费）和项目支出，以及支出功能分类进行明细核算，对零余额账户用款额度可以不做明细核算。但在实践中也有一些单位为了使零余额账户用款额度与财政拨款收入和支出更好地进行配比，也按照财政拨款收入的明细程度对零余额账户用款额度进行明细核算，从而可以比较方便地随时掌握财政授权支付指标和零余额账户用款额度的使用情况。

三、行政单位应收及预付款项

应收及预付款项是行政单位在开展业务活动中应收未收、提前预付给有关单位或个人而形成的一种停留在结算过程中的资金，体现为行政单位对有关单位或个人的债权，具体包括财政应返还额度、应收账款、预付账款、其他应收款等。应收及预付款项应当按照实际发生额计量。

（一）财政应返还额度

1. 财政应返还额度的管理

财政应返还额度是实行国库集中支付的行政单位应收财政返还的资金额度。年度终了，预算单位未使用完的直接支付和授权支付预算资金，均沉淀在财政国库部门。从收付实现制的角度看，这种沉淀资金客观上属于财政部门结余资金，与预算单位无关，单位不应进行会计处理；但从权责发生制的角度看，这种沉淀资金实际上就构成了财政对部门的应付款项，属于财政部门的负债范畴，预算单位也要相应作为应收款项进行会计核算。因此，对这一问题的不同处理和解决，实际上就体现为应计制和现金制会计核算基础的区别。

考虑到财政预算管理的需要，现行的预算会计采取了权责发生制的处理方式，将未用完的预算指标分别作为财政部门的负债和预算单位的资产，进行会计核算和反映。其中，对财政部门而言，一方面，要将零余额账户的用款额度做注销处理，将未下达额度的授权支付指标列作预算支出，并按照注销额和转支额增加对预算单位的暂存款；另一方面，要将未用完的直接支付结余列报预算支出，同时增加对单位的暂存款。对单位而言，则无论是财政授权支付结余还是财政直接支付结余，都要作为单位对财政部门的应收款项，全部转作财政应返还额度。下年恢复额度时，财政部门根据授权支付结余数额相应增加零余额账户用款额度，单位相应增加零余额账户用款额度，具体支付时相应减少用款额度；对直接支付结余，财政部门与预算单位均不作处理，预算单位仍然作为对财政的应收款项，待直接支付时相应冲减财政应返还额度。

2. 财政应返还额度的核算方式

行政单位应设置“财政应返还额度”总账科目，核算实行国库集中支付的行政单位应收财政返还的资金额度。行政单位应当在“财政应返还额度”科目下，按财政直接支付和财政授权支付设置明细科目，进行明细核算。

(1) 财政直接支付方式。对于财政直接支付方式，年末，行政单位根据本年度财政直接支付预算指标数与财政直接支付实际支出数的差额，借记“财政应返还额度——财政直接支付”科目，贷记“财政拨款收入”科目。

下年初，对属于财政直接支付的财政应返还额度，单位不作处理。待使用以前年度财政直接支付额度发生支出时，借记“经费支出”科目，贷记“财政应返还额度——财政直接支付”科目。

(2) 财政授权支付方式。对于财政授权支付尚未使用资金额度在年末的注销，次年年初的恢复以及恢复以后的使用，相关的账务处理，详见本章第二节零余额账户用款额度的核算部分。

（二）预付账款

1. 预付账款的管理

预付账款是指行政单位按照购货、服务合同规定预付给供应单位（或个人）的款项。行政单位应按以下要求加强预付账款管理。

(1) 规范核算范围。行政单位依据合同规定支付的定金，应作为预付账款核算。但行政单位支付可以收回的订金，不作为预付账款反映，应当通过其他应收款核算。

(2) 规定时间确认。行政单位应当在已支付款项且尚未收到物资或服务时确认预付账款。

(3) 报批核销坏账。逾期3年或以上、有确凿证据表明确实无法收到所购物资和服务，且无法收回的预付账款，按照规定报经批准后予以核销。核销的预付账款应在备查簿中保留登记。

(4) 严格控制规模。与应收账款一样，预付账款也是其他单位或者个人对行政单位的资金占用，数额过多或者占用时间过长，将影响行政单位工作的正常开展。因此，单位应当加强对预付账款的管理，及时进行清理，不得长期挂账。

2. 预付账款的核算方式

行政单位应设置“预付账款”总账科目，核算行政单位按照购货、服务合同规定预付给供应单位（或个人）的款项。

预付账款事项的发生对行政单位有双重影响：一方面造成资金的实质性流出，按照预算管理的要求需要在经费支出上进行反映；另一方面造成单位资产和债权的变化，按照财务管理的要求需要在相关的资产和债权上进行反映。为了确保核算内容的顺利实施，行政单位会计制度在预付账款的处理上也采取了“双分录”的处理方式，确保同时兼顾预算管理和财务管理的需要。为了满足“双分录”核算方式对会计科目的需求，行政单位会计制度在净资产类增设了“资产基金”科目，核算行政单位的非货币性资产在净资产中占用的金额，并在“资产基金”科目下设置“预付款项”明细科目，核算行政单位预付款项在净资产中占用的金额。

(1) 发生预付账款时，借记“预付账款”科目，贷记“资产基金——预付款项”科目；同时，借记“经费支出”科目，贷记“财政拨款收入”“零余额账户用款额度”“银行存款”等科目。

(2) 收到所购物资或服务时，按照相应预付账款金额，借记“资产基金——预付款项”科目，贷记“预付账款”科目；发生补付款项的，按照实际补付的款项，借记“经费支出”科目，贷记“财政拨款收入”“零余额账户用款额度”“银行存款”等科目。收到物资的，同时按照收到所购物资的成本，借记有关资产科目，贷记“资产基金”及相关明细科目。

（三）应收账款

1. 应收账款的管理

应收账款是指行政单位因出租资产、出售物资等应当收取的款项。“应收账款”是权责发生制核算基础下才应当设立的科目。因为如果按照收付实现制以款项是否已经收付作为确认收入与费用的标准，那么在收付实现制的会计基础下，即使产生了应收账款业务，但由于没有出现资金的收付，单位就不应该进行账务处理，因此，应收账款是与权责发生制紧密联系在一起的，行政单位会计中“应收账款”科目的设立，正是权责发生制会计基础的具体运用和体现。行政单位应按以下要求进一步加强对应收账款的管理:

(1) 规定时间确认。行政单位应当在资产已出租或物资已出售且尚未收到款项时，对应收账款进行确认。

(2) 报批核销坏账。逾期 3 年或以上、有确凿证据表明确实无法收回的应收账款，行政单位应按规定报经批准后予以核销。核销的应收账款应在备查簿中保留登记。

(3) 加强汇票管理。行政单位收到的商业汇票，也作为应收账款管理。行政单位应当设置“商业汇票备查簿”，逐笔登记每一笔应收商业汇票的种类、号数、出票日期、到期日、票面金额、交易合同号等相关信息资料。商业汇票到期结清票款或退票后，应当在备查簿内逐笔注销。

(4) 严格控制规模。应收账款是其他单位或者个人对行政单位的资金占用，如果数额过多或者占用时间过长，将影响行政单位工作正常开展。因此，单位应当加强应收账款管理，严格控制规模，并及时进行清理，不得长期挂账。

2. 应收账款的核算方式

行政单位应设置“应收账款”总账科目，核算行政单位出租资产、出售物资等应当收取的款项。“应收账款”属于资产类科目，借方登记应收账款的增加，贷方登记应收账款的减少，期末借方余额反映尚未收回的应收账款。行政单位应当在“应收账款”科目下，按照购货、接受服务单位（或个人）或开出、承兑商业汇票的单位等设置应收账款的明细科目，进行明细核算。

（1）出租资产发生的应收账款。行政单位出租资产尚未收到款项时，按照应收未收金额，借记“应收账款”科目，贷记“其他应付款”科目。收回应收账款时，借记“银行存款”等科目，贷记“应收账款”科目；同时，借记“其他应付款”科目，按照应缴的税费，贷记“应缴税费”科目，按照扣除应缴税费后的净额，贷记“应缴财政款”科目。

在正常的出租资产未发生应收账款情形下，因为出租收入系应上缴财政的款项，所以单位应借记“银行存款”科目，贷记“应缴税费”科目，按扣除应缴税费后的净额贷记“应缴财政款”，将来上缴财政时，直接做反向账务处理即可。但在发生应收款项的情况下，因为未收到货币资金，所以自然需要借记“应收账款”科目。但按照《行政单位会计制度》规定，应缴财政款应在收到应当上缴财政的款项时确认，在发生应收账款情况下款项还未到账，尚不能确认应缴财政款，只能暂时记入一个应付科目作为过渡，待收到应缴财政的款项后，再从过渡的应付科目转入“应缴财政款”科目。因此，行政单位在出租资产尚未收到款项时，应借记“应收账款”科目，贷记“其他应付款”科目；待将来款项到账需要确认应缴财政款项时，再借记“其他应付款”科目，贷记“应缴税费”科目，按扣除应缴税费后的净额，贷记“应缴财政款”科目。

（2）收到商业汇票。行政单位出租资产收到商业汇票，按照商业汇票的票面金额，借记“应收账款”科目，贷记“其他应付款”科目。出售物资收到商业汇票，按照商业汇票的票面金额，借记“应收账款”科目，贷记“待处理财产损溢”科目。

商业汇票到期收回款项时，借记“银行存款”等科目，贷记“应收账款”科目。其中，出租资产收回款项的，还应当同时借记“其他应付款”科目，按照应缴税费，贷记“应缴税费”科目，按照扣除应缴税费后的净额，贷记“应缴财政款”科目。

（3）出售物资发生的应收账款。物资已发出并到达约定状态且尚未收到款项时，行政单位按照应收未收金额，借记“应收账款”科目，贷记“待处理财产损溢”科目。收回应收账款时，借记“银行存款”等科目，贷记“应收账款”科目。

（四）其他应收款

1. 其他应收款的管理

其他应收款是行政单位除应收账款、预付账款以外的其他各项应收及暂付款项。行政单位其他应收款主要包括职工预借的差旅费、拨付给内部有关部门的备用金、应向职工收取的各种垫付款项等。

其他应收款与应收账款、预付账款三者核算的均是应收及暂付款项，某些方面容易混淆，因此在实际使用过程中应注意区分。应收账款主要是用于核算与单位正常运营业务活动有关的应收款项，例如，资产出租、物资出售以及收到商业汇票等形成的应收账款。预付账款是行政单位在业务活动过程中，按照合同规定预付给外单位或个人的款项，例如，购买物资或服务而形成的预付账款。应收账款与预付账款的最大区别是，前者是行政单位提供服务或出售物资形成的，而后者是行政单位购买服务或物资而形成的。与应收账款和预付账款主要是在正常业务活动中产生的特征相反，其他应收款核算的主要是纯粹往来性质的临时性收支款项，例如，职工预借差旅费、内部备用金等。

对于行政单位的订金与定金，很多人搞不清楚到底应该列入哪种应收暂付款项，但是按照上述判定标准，我们很容易就会得出准确的结论。行政单位支付可以收回的订金，也就是临时起到往来的作用，在一定程度上给卖方形成约束，行政单位可以随时收回，因此应作为其他应收款核算。行政单位依据合同规定支付的定金，实际上相当于行政单位的预付款项或未来付款的担保，如果行政单位不履行合同，对方不退还定金，如果对方履行了合同，定金便折为货款。鉴于定金的上述特质，定金应属于预付账款而不属于其他应收款。

行政单位内部实行备用金制度的，有关部门使用备用金以后应当及时到财务部门报销并补足备用金。与应收账款、预付账款一样，逾期 3 年或以上、有确凿证据表明确实无法收回的其他应收款，按规定报经批准后予以核销。核销的其他应收款应在备查簿中保留登记。

2. 其他应收款的核算方式

行政单位应设置“其他应收款”总账科目，核算行政单位除应收账款、预付账款以外的其他各项应收及暂付款项。期末借方余额，反映行政单位尚未收回的其他应收款。行政单位应当在“其他应收款”科目下，按照其他应收款的类别以及债务单位（或个人）设置明细账，进行明细核算。

（1）发生其他应收及暂付款项时，借记“其他应收款”科目，贷记“零余额账户用款额度”“银行存款”等科目。收回或转销上述款项时，借记“银行存款”“零余额账户用款额度”或有关支出等科目，贷记“其他应收款”科目。

（2）核销其他应收款时，按照待核销的其他应收款金额，借记“待处理财产损溢”科目，贷记“其他应收款”科目。报经批准核销时，借记“经费支出”科目，贷记“待处理财产损溢”科目。已核销的其他应收款在以后期间又收回的，如属于在核销年度内收回的，借记“银行存款”等科目，贷记“经费支出”科目；如属于在核销年度以后收回的，借记“银行存款”等科目，贷记“财政拨款结转”“财政拨款结余”“其他资金结转结余”等科目。

3. 核销应收暂付款的账务辨析

逾期 3 年或以上、有确凿证据表明确实无法收回的应收账款、预付账款和其他应收款，按规定报经批准后应予以核销。核销其他应收款、应收账款、预付账款时，转入待处理财产损溢的会计处理方式都是一样的，但是转入后批准核销以及核销后又收回的账务处理则是有差异的。

（1）应收账款主要是核算应上缴财政的应收款项，因此核销应收账款时直接按照形成应收账款时的会计分录做反向冲销即可，即借记“其他应付款”科目，贷记“应收账款”

科目。在这种情况下，如果以后年度又收回核销的应收账款，考虑到该笔款项仍然属于应上缴财政的资金，单位应按照收回款项，借记“银行存款”科目，贷记“应缴财政款”科目。

（2）其他应收款主要是核算单位内部的杂项资金和款项，批准核销时可直接将其转作经费支出，即，借记“经费支出”科目，贷记“其他应收款”科目。在这种情况下，如果在核销当年又收回款项，则应在增加银行存款的同时直接冲减经费支出，即借记“银行存款”科目，贷记“经费支出”科目。而如果是在核销年度以后收回款项，考虑到核销时所列支的经费支出已经转入结转结余，则应在增加银行存款的同时直接增加财政拨款结转结余或其他资金结转结余。

（3）预付账款产生时，单位已经将预付账款计入经费支出，因此，核销预付账款时就不再调整经费支出，应直接按照当初产生预付账款的会计分录做反向冲销即可，即借记“资产基金——预付账款”科目，贷记“预付账款”科目。在这种情况下，如果以后期间又收回核销的预付账款，与其他应收款账务处理不同的是，无论是在核销当年收回款项，还是以后年度收回款项，因为该笔款项在多年以前已经列作支出，只能就结转结余进行调整和处理，即单位应在增加银行存款或零余额账户用款额度的同时，直接增加财政拨款结转结余或其他资金结转结余。

四、行政单位存货

（一）存货的计量

存货是行政单位在工作中为耗用而储存的资产，包括材料、燃料、包装物、低值易耗品以及未达到固定资产标准的家具、用具、装具等。行政单位存货处于经常性的不断耗用或者重置之中，是流动资产的重要组成部分，其价值往往要占流动资产相当大的比重。

行政单位接受委托人指定受赠人的转赠物资，不属于存货，而应当作为受托代理资产进行管理和核算。行政单位随买随用的零星办公用品等，可以在购进时直接列作支出，不作为存货管理。行政单位的存货应当定期进行清查盘点，每年至少盘点一次。对于发生的存货盘盈、盘亏，应当及时查明原因，按规定报经批准后进行账务处理。

1. 取得存货的计量

存货应当在其到达存放地点并验收时确认。存货在取得时，应当按照其实际成本入账。

（1）购入的存货，其成本包括购买价款、相关税费、运输费、装卸费、保险费以及其他使存货达到目前场所和状态所发生的支出。

（2）置换换入的存货，其成本按照换出资产的评估价值，加上支付的补价或减去收到的补价，加上为换入存货支付的其他费用（运输费等）确定。

（3）接受捐赠、无偿调入的存货，其成本按照有关凭据注明的金额加上相关税费、运输费等确定；没有相关凭据可供取得，但依法经过资产评估的，其成本应当按照评估价值加上相关税费、运输费等确定；没有相关凭据可供取得也未经评估的，其成本比照同类或类似存货的市场价格加上相关税费、运输费等确定；没有相关凭据也未经评估，其同类或类似存货的市场价格无法可靠取得，该存货按照名义金额（人民币 1 元）入账。

（4）委托加工的存货，其成本按照未加工存货的成本加上加工费用和往返运输费等确定。

2. 发出存货的计量

存货发出时，应当根据实际情况采用先进先出法、加权平均法或者个别计价法确定发出存货的实际成本。计价方法一经确定，不得随意变更。

（1）先进先出法。先进先出法是以先购入的存货先发出这样一种存货实物流转假设为前提，对发出存货进行计价的一种方法。采用这种方法，先购入的存货成本在后购入的存货成本之前转出，据此确定发出存货和期末存货的成本。对行政单位来说，用先进先出法计算的期末存货额比较接近市价，但缺点是工作量比较烦琐。

（2）加权平均法。加权平均法是根据本期期初结存存货的数量和金额与本期存入存货的数量和金额，在期末以此计算本期存货的加权平均单价，作为本期发出存货和期末结存存货的价格，一次性计算本期发出存货的实际成本。对行政单位而言，加权平均法只在月末一次计算加权平均单价，比较简单，但缺点是不利于核算的及时性。

（3）个别计价法。个别计价法又称“个别认定法”“具体辨认法”“分批实际法”，是以每一批存货的实际进价作为计算存货发出成本的一种方法。采用这一方法是假设存货的成本流转与实物流转相一致，按照各种存货，逐一辨认各批发出存货和期末存货所属的购进批别或生产批别，分别按其购入或生产时所确定的单位成本作为计算各批发出存货和期末存货成本的方法。对行政单位来说，个别计价法计算发出存货的成本和期末存货的成本比较合理、准确，但缺点是实务操作的工作量繁重，困难较大。

3. 盘盈存货的计量

盘盈的存货，按照取得同类或类似存货的实际成本确定入账价值；没有同类或类似存货的实际成本，按照同类或类似存货的市场价格确定入账价值；同类或类似存货的实际成本或市场价格无法可靠取得，按照名义金额（即人民币 1 元）入账。

（二）存货的核算

1. 设置会计科目

行政单位应设置“存货”总账科目，核算行政单位在开展业务活动及其他活动中为耗用而储存的各种物资，包括材料、燃料、包装物和低值易耗品及未达到固定资产标准的家具、用具、装具等的实际成本。“存货”属于资产类科目，借方登记存货的增加，贷方登记存货的减少；期末借方余额，反映行政单位存货的实际成本。

“存货”科目应当按照存货的种类、规格和保管地点等进行明细核算。考虑到行政单位委托加工的业务量较少，因此，未像企业会计那样单设“委托加工物资”科目，但是行政单位有委托加工存货业务的，应当在“存货”科目下设置“委托加工存货成本”科目。出租、出借的存货，应当设置备查簿进行登记。

“存货”属于资产类科目，为了同时满足预算管理和财务管理的双重需要，行政单位会计制度专门在净资产类设置了一个对应的“资产基金——存货”明细科目，用于核算和反映行政单位存货在净资产中占用的金额。因此,“存货”属于“双分录”的账务处理范围，“存货”总是与“资产基金——存货”直接对应和关联。

2. 主要账务核算

(1) 存货的取得。行政单位购入存货时，借记“存货”科目，贷记“资产基金——存货”科目；同时，借记“经费支出”科目，贷记“财政拨款收入”“零余额账户用款额度”“银行存款”等科目。需要注意，行政单位和事业单位在存货的购入和领用方面的账务处理是不一样的。行政单位在购入存货时要同时增加存货并列支，在领用、发出存货时仅冲减存货。而事业单位在购入存货时仅增加存货不列支出，实际领用时才冲减存货并列支。

置换换入、接受捐赠、无偿调入的存货，验收入库时，按照确定的成本，借记“存货”科目，贷记“资产基金——存货”科目；同时，按实际支付的补价（置换换入）以及运输费、相关税费等金额，借记“经费支出”科目，贷记“财政拨款收入”“零余额账户用款额度”“银行存款”等科目。

委托加工的存货出库，借记“存货”科目下的“委托加工存货成本”明细科目，贷记“存货”科目下的相关明细科目。支付加工费用和相关运输费等时，借记“经费支出”科目，贷记“财政拨款收入”“零余额账户用款额度”“银行存款”等科目；同时，按照相同的金额，借记“存货”科目下的“委托加工存货成本”明细科目，贷记“资产基金——存货”科目。委托加工完成的存货验收入库时，按照委托加工存货的成本，借记“存货”科目下的相关明细科目，贷记“存货”科目下的“委托加工存货成本”明细科目。

开展业务活动等领用、发出存货，以及经批准对外捐赠、无偿调出存货，均按照存货的实际成本，借记“资产基金——存货”科目，贷记“存货”科目。其中，对外捐赠、无偿调出存货发生由行政单位承担的运输费等支出，借记“经费支出”科目，贷记“财政拨款收入”“零余额账户用款额度”“银行存款”等科目。

(2) 经批准对外出售、置换换出以及报废、毁损、盘盈、盘亏的存货，都应当首先转入待处理财产损溢进行处置。

对于对外出售、置换换出、报废、毁损以及盘亏的存货，首先借记“待处理财产损溢——待处理财产价值”科目，贷记“存货”科目；实现出售、换出或报经批准予以核销时，借记“资产基金——存货”科目，贷记“待处理财产损溢——待处理财产价值”科目。资产处置过程中收到的价款、补价或残值变价收入，借记“库存现金”“银行存款”等科目，贷记“待处理财产损溢”科目（处理净收入）；处置过程中发生相关费用，借记“待处理财产损溢”科目（处理净收入），贷记“库存现金”“银行存款”“应缴税费”等科目。出售、置换换出完毕并收回相关的应收账款后，按照处置收入扣除相关税费后的净收入，借记“待处理财产损溢”科目（处理净收入），贷记“应缴财政款”科目。如果处置收入小于相关税费的，按照相关税费减去处置收入后的净支出，借记“经费支出”科目，贷记“待处理财产损溢”科目（处理净收入）。

对于盘盈的存货，转入待处理财产损溢时，借记“存货”科目，贷记“待处理财产损溢”科目；报经批准予以处理时，借记“待处理财产损溢”科目，贷记“资产基金——存货”科目。需要注意，事业单位存货的盘盈不通过“待处置资产损溢”科目核算，而是应转增其他收入。

从以上分析可以看出，对外捐赠和无偿调出存货，与对外出售、置换换出存货的账务处理是不一样的。前者不通过“待处理财产损溢”科目，而后者应当通过“待处理财产损溢”科目核算。这主要是考虑到，前者是无偿的非市场行为，一般不会发生相应的收入和支出，即便发生一定的收支，也不需要对收入和支出进行单独的归集核算，无关损失或溢余；而后者则属于市场行为，一般都会发生相关的收入和支出，从单位会计核算与财务管理的角度，也需要对收入和支出以及由此形成的损益进行单独反映，因此需要通过“待处理财产损溢”科目归集相应的收入和支出。与行政单位不同，事业单位对外捐赠、无偿调出存货也通过“待处置资产损溢”科目核算。

五、行政单位固定资产

固定资产是指使用期限超过 1 年（不含 1 年），单位价值在规定标准以上，并且在使用过程中基本保持原有物质形态的资产。行政事业单位财务规则对固定资产的标准进行了明确，即单位价值在 1000 元以上，其中专用设备单位价值在 1500 元以上。从上述概念分析，行政事业单位固定资产具有以下特点：

（1）固定资产的单位价值较高。行政单位的固定资产的单价标准由国家统一规定，而且这个标准可能会随着经济社会发展和物价水平的变化而调整。

（2）固定资产具有持久耐用性。固定资产能够多次使用，且使用期限在 1 年以上，属于持久、耐用性的资产。持久耐用性与单位价值标准一般应同时满足，但在有些情况下，持久耐用性应当更重要一些。无论是行政单位还是事业单位，单位价值虽未达到规定标准，但是耐用时间在 1 年以上的大批同类物资，也应作为固定资产管理。

（3）固定资产在使用过程中能够基本保持原有物质形态。固定资产在使用中基本保持了原有的物质形态，其价值在多次使用过程中，随着固定资产磨损程度的加深而逐渐地消耗、转移。

（一）固定资产分类

（1）房屋及构筑物，是行政事业单位拥有占有权和使用权的房屋、构筑物。房屋主要包括办公用房、业务用房、食堂、锅炉房、仓储用房、房屋附属设施等。其中，房屋附属设施是指安装在房屋内部的，与房屋不可分割的各种配套设施，主要包括门、门禁系统、岗楼、围墙、采暖设施、供水系统、停车设施等。构筑物主要包括池、塔、槽、烟囱、道路等。

(2) 通用设备，是行政事业单位用于业务工作的通用性、一般性设备，主要包括计算机设备及软件、办公设备、车辆、图书档案设备、机械设备、电气设备、通信设备、广电设备等。

(3) 专用设备，是行政事业单位根据业务工作的实际需要购置或通过其他方式获得的具有专门性能和专业用途的设备，如公安、安全部门的技侦设备，海关、质检部门的检测设备，水利部门的水质检测仪器，学校的教学仪器，科研单位的科研设备，医院的医疗器械等。

(4) 图书、档案，是行政事业单位图书馆（室）、阅览室、档案馆等贮藏的图书、期刊、资料、档案等，以及专业图书馆、文化馆、档案馆贮藏的书籍、档案等。

(5) 文物和陈列品，是行政事业单位的各种文物和陈列品，如行政单位拥有的古物、字画、纪念品等，博物馆、展览馆、纪念馆、科技馆等事业单位的各种文物和陈列品、展品等。

(6) 家具、用具、装具及动植物，是行政事业单位购置或通过其他方式获得的各种家具、被服装具、特种用途动植物等，如办公桌椅、食堂炊事机械、实验用动植物、名贵树木花卉等。

以上分类是国家统一规定的标准分类方式，行政事业单位应当根据固定资产定义、有关主管部门对固定资产的统一分类，结合本单位的具体情况，制定适合本单位的固定资产目录、具体分类方法，作为进行固定资产核算的依据。

（二）固定资产的计量

行政单位的固定资产应当按照以下条件确认：①购入、换入、无偿调入、接受捐赠不需安装的固定资产，在固定资产验收合格时确认；②购入、换入、无偿调入、接受捐赠需要安装的固定资产，在固定资产安装完成交付使用时确认；③自行建造、改建、扩建的固定资产，在建造完成交付使用时确认。

1. 初始计量

(1) 购入的固定资产，其成本包括实际支付的购买价款、相关税费、使固定资产交付使用前所发生的可归属于该项资产的运输费、装卸费、安装费和专业人员服务费等。以一笔款项购入多项没有单独标价的固定资产，按照各项固定资产同类或类似固定资产市场价格的比例对总成本进行分配，分别确定各项固定资产的入账价值。

(2) 自行建造的固定资产，其成本包括建造该项资产至交付使用前所发生的全部必要支出。固定资产的各组成部分需要分别核算的，按照各组成部分固定资产造价确定其成本；没有各组成部分固定资产造价的，按照各组成部分固定资产同类或类似固定资产市场造价的比例对总造价进行分配，确定各组成部分固定资产的成本。已交付使用但尚未办理竣工决算手续的固定资产，按照估计价值入账，待确定实际成本后再进行调整。

（3）在原有固定资产基础上进行改建、扩建、修缮的固定资产，其成本按照原固定资产的账面价值（“固定资产”科目账面余额减去“累计折旧”科目账面余额后的净值）加上改建、扩建、修缮发生的支出，再扣除固定资产拆除部分账面价值后的金额确定。

（4）自行繁育的动植物，其成本包括在达到可使用状态前所发生的全部必要支出。

（5）置换取得的固定资产，其成本按照换出资产的评估价值加上支付的补价或减去收到的补价，加上为换入固定资产支付的其他费用（运输费等）确定。

（6）接受捐赠、无偿调入的固定资产，其成本按照有关凭据注明的金额加上相关税费、运输费等确定；没有相关凭据可供取得，但依法经过资产评估的，其成本应当按照评估价值加上相关税费、运输费等确定；没有相关凭据可供取得、也未经评估的，其成本比照同类或类似固定资产的市场价格加上相关税费、运输费等确定；没有相关凭据也未经评估，其同类或类似固定资产的市场价格无法可靠取得，所取得的固定资产应当按照名义金额入账。

（7）盘盈的固定资产，按照取得同类或类似固定资产的实际成本确定入账价值；没有同类或类似固定资产的实际成本，按照同类或类似固定资产的市场价格确定入账价值；同类或类似固定资产的实际成本或市场价格无法可靠取得，按照名义金额入账。

2. 折旧计量

行政单位应当对固定资产计提折旧，在固定资产预计使用寿命内，按照确定的方法对应折旧金额进行系统分摊。

（1）计提折旧的范围。行政单位应当对所有的固定资产计提折旧，但以下固定资产除外：①文物及陈列品；②图书、档案；③动植物；④以名义金额入账的固定资产；⑤境外行政单位持有的能够与房屋及构筑物区分、拥有所有权的土地；⑥已提足折旧继续使用的固定资产。

（2）计提折旧的政策规定。①行政单位应当根据固定资产的性质和实际使用情况，合理确定其折旧年限。省级以上财政部门、主管部门对行政单位固定资产折旧年限作出规定的，从其规定。②行政单位固定资产的应折旧金额为其成本，计提固定资产折旧不考虑预计净残值。③行政单位一般应当按月计提固定资产折旧。当月增加的固定资产，当月不提折旧，从下月起计提折旧；当月减少的固定资产，当月照提折旧，从下月起不提折旧。④固定资产提足折旧后，无论能否继续使用，均不再计提折旧；提前报废的固定资产，也不再补提折旧；已提足折旧的固定资产，可以继续使用的，应当继续使用，规范管理。⑤固定资产因改建、扩建或修缮等原因而提高使用效能或延长使用年限的，应当按照重新确定的固定资产成本以及重新确定的折旧年限，重新计算折旧额。

（3）计提折旧的方法。行政单位一般应当采用年限平均法或工作量法计提固定资产折旧。①年限平均法又称直线法，是指将固定资产的应计折旧额均衡地分摊到固定资产预计使用寿命内的一种方法。采用这种方法计算的每期折旧额均相等。②工作量法是指按实际工作量计提固定资产折旧额的一种方法。一般是按固定资产所能工作的时数平均计算折旧额。工作量法假定折旧是一项变动的，而不是固定的费用，即假定资产价值的降低不是由于时间的推移，而是由于使用的缘故。因此，如果某项资产在年度内没有使用，就不应计列折旧费用，因为资产的服务价值并没有降低。实际上，使用这种折旧方法的主要目的，并不是单纯为了计量资产服务价值降低的程度，而主要是为了准确地计量投入成本，从而能够准确地反映投入与产出的配比情况。

考虑到固定资产种类较多，折旧年限暂时还没有统一规定，为便于操作，财政部还将另行发文明确行政单位是否对固定资产计提折旧，以及相关具体要求。换言之，在财政部正式发文明确以前，行政单位是不需要提取折旧的。

3. 后续支出计量

固定资产投入使用后，为维护其正常使用或提高其使用效能，往往需要对固定资产进行改扩建或修理维护，从而发生相应的后续支出。固定资产的后续支出分为资本化支出与费用化支出。

（1）资本化支出。为增加固定资产使用效能或延长其使用寿命而发生的改建、扩建或修缮等后续支出，属于资本化支出，应当计入固定资产成本，增加固定资产的账面价值。

（2）费用化支出。为维护固定资产正常使用而发生的日常修理等后续支出，属于费用化支出，应当计入当期支出但不计入固定资产成本。

（三）固定资产的核算

1. 设置会计科目

行政单位应设置“固定资产”和“累计折旧”两个总账科目，前者用于核算行政单位各类固定资产的原价，后者用于核算行政单位固定资产和公共基础设施计提的累计折旧。从核算内容可以看出，行政单位“累计折旧”科目不仅核算固定资产的累计折旧，还要用于核算公共基础设施计提的累计折旧。

“固定资产”属于资产类科目，借方登记固定资产的增加，贷方登记固定资产的减少；期末借方余额，反映行政单位期末固定资产账面原价。

“累计折旧”属于资产备抵科目，贷方登记单位计提的固定资产和公共基础设施累计折旧，借方登记处置固定资产和公共基础设施转出的累计折旧，期末贷方余额，反映行政单位提取的固定资产和公共基础设施折旧累计数。

行政单位应当在“固定资产”科目下按照固定资产类别、项目和使用部门等设置明细科目，进行明细核算；在“累计折旧”科目下，按照固定资产、公共基础设施的类别、项目等设置明细科目，进行明细核算，其中，占有公共基础设施的行政单位，还应当在“累计折旧”科目下设置“固定资产累计折旧”和“公共基础设施累计折旧”两个一级明细科目，分别核算对固定资产和公共基础设施计提的折旧。

此外，为了同时满足预算管理和财务管理的双重需要，行政单位会计制度专门在净资产类总账科目“资产基金”下设置了一个“固定资产”明细科目，用于核算和反映行政单位固定资产在净资产中占用的金额。因此，“固定资产”也属于“双分录”的账务处理范围，“固定资产”总是与“资产基金——固定资产”直接对应和关联。

2. 处理主要账务

（1）购入不需安装的固定资产，应按照确定的固定资产成本，借记“固定资产”科目，贷记“资产基金——固定资产”科目；同时，按照实际支付的金额，借记“经费支出”科目，贷记“财政拨款收入”“零余额账户用款额度”“银行存款”等科目。

（2）购入需要安装的固定资产，应先通过“在建工程”科目核算。安装完工交付使用时，借记“固定资产”科目，贷记“资产基金——固定资产”科目；同时，借记“资产基金——在建工程”科目，贷记“在建工程”科目。

（3）购入固定资产分期付款或扣留质量保证金的，在取得固定资产时，按照确定的固定资产成本，借记“固定资产”科目（不需安装）或“在建工程”科目（需要安装），贷记“资产基金——固定资产——在建工程”科目；按照已实际支付的价款，借记“经费支出”科目，贷记“财政拨款收入”“零余额账户用款额度”“银行存款”等科目；按照应付未付的款项或扣留的质量保证金等金额，借记“待偿债净资产”科目，贷记“应付账款”或“长期应付款”科目。

由于行政单位经费由财政全额负担，因此在正常情况下，行政单位分期付款购入固定资产的现象是比较少见的。但随着地方政府投融资业务的拓展，对于行政单位的一些大型设备，越来越多的地方也在尝试采取分期付款的方式，在一定程度上缓解资金支付的压力。对企业会计而言，分期付款实质上是具有融资性质的，因此，应将购买的总价款折算成现值作为固定资产的入账成本。对于行政单位，为了简化核算，可以不再折算现值，而直接将支付总价款作为固定资产成本；同时，在每次支付价款时，按照本次支付的价款确认经费支出，并相应核销应付账款或其他应付款。

（4）置换取得固定资产，接受捐赠、无偿调入固定资产，账务处理与购入固定资产的账务处理完全相同，不需要安装的，直接记入“固定资产”科目；需要安装的，首先通过“在建工程”科目反映，安装完工交付使用时再转入“固定资产”科目。

第二节　行政单位收入与支出的核算

一、行政单位收入的核算

收入是行政单位依法取得的非偿还性资金，包括财政拨款收入和其他收入。收入是行政单位会计核算的重要内容，上接预算编制，下承经费支出，是行政单位资金核算的起点。行政单位的各项收入应当全部纳入单位预算，统一核算，统一管理。行政单位的收入一般应当在收到款项时予以确认，并按照实际收到的金额进行计量。

行政单位依法取得的应当上缴财政的罚没收入、行政事业性收费、政府性基金、国有资产处置和出租出借收入等，属于行政单位的负债范畴，不属于行政单位的收入。

（一）行政单位财政拨款收入

1. 财政拨款收入的认知

行政单位财务规则和会计制度均相应删除了行政单位的预算外资金收入的会计科目，财政拨款收入就成为行政单位的主要收入来源。

2. 财政拨款收入的管理

作为行政单位的主要收入来源，采取措施加强行政单位财政拨款收入的管理，具有重要意义。行政单位应按以下要求加强对财政拨款收入的管理：

（1）要单独核算。编报单位预算时必须明确列出财政拨款数额，对财政拨款领用情况要单设会计账户核算，编报单位财务报表和决算报表时要单独反映财政拨款情况。

（2）要专款专用。对财政预算安排的项目支出经费拨款，要按照有关规定加强管理和核算，保证专款专用，防止挤占挪用。财政部门安排的行政经费拨款，也只能用于单位开展正常业务工作的消耗性支出，不能用于基本建设。

（3）要加强监控。要通过会计核算与财务报表，及时掌握和反馈财政拨款收入的去向，保证财政资金的安全可靠，提高财政拨款资金效益。

3. 财政拨款收入核算

（1）会计科目设置。行政单位应设置“财政拨款收入”总账科目，核算行政单位从同级财政部门取得的财政预算资金。“财政拨款收入”属于收入类科目，贷方登记行政单位从同级财政部门取得的财政拨款，借方登记财政拨款资金的收回与缴回，平时贷方余额反映行政单位财政拨款收入累计数，年终结账后，本科目应无余额。

“财政拨款收入”科目应当设置“基本支出拨款”和“项目支出拨款”两个明细科目，分别核算行政单位取得用于基本支出和项目支出的财政拨款资金；在“基本支出拨款”明细科目下按照“人员经费”和“日常公用经费”进行明细核算，在“项目支出拨款”明细科目下按照具体项目进行明细核算。有公共财政预算拨款、政府性基金预算拨款等两种或两种以上财政拨款的行政单位，还应当按照财政拨款的种类分别进行明细核算。

按照上述要求，如果完全采用明细科目设置的话，财政拨款收入就将形成一个比较复杂的四级科目体系。但是如果采用辅助核算的理念，就可以将财政拨款收入和经费支出都需要用到的支出功能分类作为辅助核算，以此简化科目设置。同时，为了进一步加强对项目收支的核算，还可以将具体项目（×× 项目）也作为辅助核算，实现对项目收入与支出的完整反映。

（2）主要账务处理。主要账务处理的方式具体包含以下方面：

第一，财政直接支付方式。财政直接支付方式下，行政单位根据收到的“财政直接支付入账通知书”及相关原始凭证，借记“经费支出”科目，贷记“财政拨款收入”科目。

第二，财政授权支付方式。财政授权支付方式下，行政单位根据收到的“财政授权支付额度到账通知书”，借记“零余额账户用款额度”等科目，贷记“财政拨款收入”科目。

第三，财政实拨资金方式，在财政实拨资金方式下，单位实际收到财政拨款收入时，借记“银行存款”等科目，贷记“财政拨款收入”科目。

第四，年末清算与转账。年末，行政单位根据本年度财政直接支付预算指标数与财政直接支付实际支出数的差额，借记“财政应返还额度——财政直接支付”科目，贷记“财政拨款收入”科目；如行政单位本年度财政授权支付预算指标数大于财政授权支付额度下达数，根据两者间的差额，借记“财政应返还额度——财政授权支付”科目，贷记“财政拨款收入”科目。同时，单位将“财政拨款收入”科目本年发生额转入财政拨款结转时，借记“财政拨款收入”科目，贷记“财政拨款结转”科目。

年终，行政单位应将“财政拨款收入”科目本年的发生额转入“财政拨款结转”科目。由于“财政拨款结转”科目的明细核算与“财政拨款收入”基本对应，因此，要将财政拨款收入逐项结转到对应的“财政拨款结转”明细科目。

（二）行政单位其他收入

1. 其他收入分类

其他收入是行政单位依法取得的除财政拨款收入以外的各项收入。随着预算管理改革的深入，行政单位的其他收入管理趋于规范，种类也逐步减少。目前行政单位的其他收入主要包括以下内容：

(1) 非独立核算的后勤部门服务性收入。非独立核算的后勤部门，在对机关内部搞好服务、确保机关公务需要的基础上，对社会实行有偿服务，取得一定的收入。这部分收入可以不上缴财政，直接纳入单位预算管理。

(2) 非同级财政拨款收入。地方政府及其财政部门，经常要对没有直接领拨款关系的垂直管理行政单位，给予一定的业务经费补助、执法办案经费补助、支持地方发展奖励以及代征地方收入的手续费等。这些收入虽然对地方行政单位来说，属于财政拨款收入，但对垂直管理的行政单位来说，属于非同级财政拨款，应作为其他收入管理。

(3) 上级主管部门安排的非同级财政资金。上级主管部门从本部门的自有资金、非同级财政补助资金中，安排给下属行政单位的资金，也应纳入下属行政单位的其他收入管理。

(4) 财政部门安排的其他财政性资金。目前尽管财政部已经将绝大部分的预算外收入纳入预算管理，但教育收费等仍然实行财政专户管理，行政单位仍然可能收到预算外资金拨款。同时，地方财政部门也可能会从其他单位上缴财政专户的预算外资金，以及财政部门筹措的其他来源的资金，安排给行政单位使用。以上收入和资金尽管来自财政部门的拨款，但严格来说并不属于“财政拨款收入”科目的核算范围，只能纳入其他收入管理。

(5) 其他形式的收入。在以上四种形式的收入之外，行政单位在业务活动过程中还会产生一些其他形式的收入，比如废旧报刊变卖收入、基本存款账户滋生的利息收入、库存现金溢余等。

2. 其他收入管理的注意事项

(1) 对于上级主管部门或其他部门收到财政拨款并已计入本部门的财政拨款收入，列作本部门的支出后，再拨付到下属行政单位或其他行政单位的资金，尽管从本质或源头上看也属于财政拨款资金，但如果下属行政单位或其他行政单位再计入财政拨款收入，就会导致同一笔财政拨款被重复登记了两遍。因此，下属行政单位等不应再作为财政拨款管理，而应记入“其他收入”科目。

(2) 按照《行政单位国有资产管理暂行办法》的规定，行政单位出租、出借国有资产所形成的收入，以及资产处置的变价收入和残值收入，实行“收支两条线”管理。因此，行政单位国有资产处置和出租出借收入属于应上缴财政的款项，不能作为单位的其他收入管理。

(3) 行政单位从非同级财政部门、上级主管部门等取得的，指定转给其他单位且未纳入本单位预算管理的资金，不属于其他收入范围，而应作为其他应付款项管理。

(4) 行政单位的其他收入，按照规定应当缴纳税费的，必须按照税收法规的规定缴纳相关税费。

3. 其他收入的核算

(1) 会计科目设置。行政单位应设置“其他收入”总账科目，核算行政单位取得的除财政拨款收入以外的其他各项收入，如从非同级财政部门、上级主管部门等取得的用于完成项目或专项任务的资金、库存现金溢余等。“其他收入”属于收入类科目，贷方登记行政单位取得的其他收入，借方登记其他收入的冲销转出数，平时贷方余额反映行政单位其他收入累计数。年终结账后，本科目应无余额。

“其他收入”科目应当按照其他收入的类别、来源单位、项目资金和非项目资金进行明细核算。对于项目资金收入，还应当按照具体项目进行明细核算。如果严格按照上述层级设置明细科目，与财政拨款收入一样，也会产生明细科目链条过长的问题。为此，可以采取辅助核算的理念，将来源单位、具体项目等作为辅助核算，从而简化科目设置。

(2) 主要账务处理。行政单位收到属于其他收入的各种款项时，按照实际收到的金额，借记“银行存款”“库存现金”等科目，贷记“其他收入”科目。年末转账时，将“其他收入”科目本年发生额转入其他资金结转结余时，借记“其他收入”科目，贷记“其他资金结转结余”科目。

二、行政单位支出的核算

（一）支出的管理原则

行政单位支出是指行政单位为保障机构正常运转和完成工作任务所发生的资金耗费和损失，包括基本支出和项目支出。其中，基本支出是指行政单位为保障机构正常运转和完成日常工作任务发生的支出，包括人员支出和日常公用支出。项目支出是指行政单位为完成特定的工作任务，在基本支出之外发生的支出。

按照支出资金的性质，从会计核算的角度，可以将行政单位支出分为经费支出和拨出经费两类。因此，行政单位支出设置“经费支出”和“拨出经费”两个会计科目，不设“其他支出”科目，而事业单位出于支出管理的实际需要，设置了“其他支出”会计科目。行政单位应按以下原则加强对单位支出的管理：

(1) 综合预算。行政单位应当将各项支出全部纳入单位预算，预算执行过程中，行政单位的各项支出要由单位财务部门按照批准的预算和有关规定审核办理。

(2) 依法开支。行政单位的支出应当严格执行国家规定的开支范围及标准，建立健全支出管理制度，对节约潜力大、管理薄弱的支出进行重点管理和控制。行政单位应当严格执行国库集中支付制度和政府采购制度等规定。

(3) 专款专用。行政单位从财政部门或者上级预算单位取得的项目资金，应当按照批准的项目和用途使用，专款专用、单独核算，并按照规定向同级财政部门或者上级预算单位报告资金使用情况，接受财政部门和上级预算单位的监督检查。项目完成后，行政单位应当向同级财政部门或者上级预算单位报送项目支出决算和使用效果的书面报告。

(4) 提高效益。行政单位应当加强支出的绩效管理，提高资金的使用效益。

(5) 票据合规。行政单位应当依法加强各类票据管理，确保票据来源合法、内容真实、使用正确，不得使用虚假票据。

(6) 适时确认。行政单位的支出一般应当在支付款项时予以确认，并按照实际支付金额进行计量。采用权责发生制确认的支出，应当在其发生时予以确认，并按照实际发生额进行计量。

（二）行政单位的经费支出

经费支出是指行政单位自身开展业务活动，使用各项资金发生的基本支出和项目支出，是行政单位在预算执行过程中各项资金的实际消耗数额。需要注意的是，经费支出是行政单位对财政拨款收入和其他收入等全部收入来源进行综合安排使用的结果，而并非仅仅与财政拨款收入直接对应，并非仅仅反映核算财政拨款收入形成的各项支出。

1. 经费支出的类别

为全面反映行政单位经费支出的内容，加强对行政单位经费支出的核算管理，在财务管理和会计核算过程中需要对经费支出进行相应的分类设置与管理。

(1) 按经济性质分类。在会计核算过程中，行政单位要根据具体支出项目的经济性质，将经费支出归入相应的经济分类科目，从而为经费支出的核算、统计与分析奠定基础。

(2) 按部门预算的要求分类。将行政事业单位的支出统一划分为基本支出和项目支出，其中，基本支出按性质又分为人员经费和日常公用经费。将行政单位支出划分为基本支出和项目支出，有利于贯彻落实“一是吃饭、二是建设”的原则，优先保障部门、单位正常运转的合理需要；有利于建立健全基本支出预算定员定额管理制度，公平部门、单位日常公用支出的分配；有利于加强项目支出预算的评审论证，推进项目支出预算管理制度化和科学化；也有利于与国库集中支付制度相衔接，增强预算约束，提高财政性资金使用效益。

(3) 按经济性质分类与按部门预算要求分类的结合使用。在具体的会计核算与管理过程中，一般是将以上两种分类结合使用，从而既能满足预算管理的需要，也能满足财务会计管理的需要。按照财政部的规定，行政单位应当分别将基本支出、项目支出与支出经济分类科目结合起来，编制基本支出预算和项目支出预算。其中，基本支出预算包括人员经费预算和日常公用经费预算，项目支出预算包括不同的具体项目。在人员经费预算、日常公用经费预算以及具体的项目预算下面，再按照经济性质分类进行明细划分与核算。需要注意的是，为了简化层次，在具体的会计核算过程中，“基本支出”下面往往会省略“人员经费”与“日常公用经费”这一层级，由“支出经济”科目直接与“基本支出”对接。

2. 经费支出的核算方式

(1) 会计科目设置。行政单位应设置“经费支出”总账科目，核算行政单位在开展业务活动中发生的各项支出。“经费支出”属于支出类科目，借方登记经费支出的发生与增加，贷方登记本年度发生的经费支出收回或冲销转出，平时借方余额反映行政单位经费实际支出累计数。年终结账后，本科目应无余额。

“经费支出”科目应当分别按照“财政拨款支出”和“其他资金支出”，以及“基本支出”和“项目支出”等分类进行明细核算；按照《政府收支分类科目》中“支出功能分类科目”的项级科目进行明细核算；“基本支出”和“项目支出”明细科目下按照“支出经济分类科目”的款级科目进行明细核算。同时在“项目支出”明细科目下按照具体项目进行明细核算。有公共财政预算拨款、政府性基金预算拨款等两种或两种以上财政拨款的行政单位，还应当按照财政拨款的种类分别进行明细核算。

与财政拨款收入类科目的设置一样，如果严格按照上述要求设置明细科目，那么我们将会得到一套复杂的长达六级的科目体系，既增加了科目初始设置的工作量，也不利于简化会计核算手续。辅助核算作为会计科目的延伸，能够有效地简化会计科目设置，增强会计核算与统计功能，尤其是对于“经费支出”这个行政单位会计制度中明细核算链条最长的会计科目，引入辅助核算的重要性就更加突出了。因此，行政单位在具体的“经费支出”科目设置上，应结合单位自身的实际情况，充分运用好辅助核算功能，简化明细科目设置。可以将支出功能分类、支出经济分类作为辅助核算；项目比较多的行政单位，还可以将具体项目一并实行辅助核算，实现对项目收入与支出的完整核算与反映。通过辅助核算的应用，我们就会得出一套更为简化和实用的科目体系。

（2）主要账务处理。计提支付职工薪酬和外部人员劳务费。行政单位计提单位职工薪酬时，按照计算出的金额，借记“经费支出”科目，贷记“应付职工薪酬”科目。支付外部人员劳务费，按照应当支付的金额，借记“经费支出”科目，按照代扣代缴个人所得税的金额，贷记“应缴税费”科目，按照扣税后实际支付的金额，贷记“财政拨款收入”“零余额账户用款额度”“银行存款”等科目。

行政单位购买存货、固定资产、无形资产、政府储备物资和工程结算并支付款项的账务处理与企业有很大不同。对企业而言，因为存货及固定资产购建等，只是会引起企业货币资金的流动转移，并不会对企业的成本（费用）造成影响，因此，企业应只增加“存货”“固定资产”等科目，减少“银行存款”科目即可。但对行政单位而言，由于行政单位会计要满足预算管理和财务管理的双重需求，如果完全按照企业的做法，不调整相应的支出（费用）科目，那么就会导致单位的支出不完整，从而虚增单位的结转结余资金，不符合预算管理的要求；而如果仅考虑支出的增加与货币资金的流出，而不考虑资产的变化，又不符合单位财务管理的需求。为了解决上述问题，《行政单位会计制度》通过引入“双分录”的设计，在净资产中增加了“资产基金”作为非货币性资产的对应科目，比较好地实现了预算管理需求与财务管理需求之间的平衡，兼顾了收付实现制与权责发生制的双重要求。

行政单位购买存货、固定资产、无形资产、政府储备物资和工程结算并支付款项时，按照实际支付的金额，借记“经费支出”科目，贷记“财政拨款收入”“零余额账户用款额度”“银行存款”等科目；同时，按照采购或工程结算成本，借记“存货”“固定资产”“无形资产”“在建工程”“政府储备物资”等科目，贷记“资产基金”及其明细科目。

行政单位发生预付账款及偿还应付款项的账务处理与企业相比，也是有着很大的不同。为了既要反映资金的流出与支出的实现，也要反映单位债权、债务的变化，行政单位也要通过“双分录”的方式对预付账款及应付款项进行核算和管理。其中，预付账款对应的净资产科目是“资产基金——预付款项”，应付账款对应的净资产科目是“待偿债净资产”。发生预付账款的，行政单位要按照实际预付的金额，借记“经费支出”科目，贷记“财政拨款收入”“零余额账户用款额度”“银行存款”等科目；同时，借记“预付账款”科目，贷记“资产基金——预付款项”科目。偿还应付款项时，按照实际偿付的金额，借记“经费支出”科目，贷记“财政拨款收入”“零余额账户用款额度”“银行存款”等科目；同时，借记“应付账款”“长期应付款”科目，贷记“待偿债净资产”科目。

（三）行政单位的拨出经费

1. 拨出经费的特征

拨出经费是行政单位纳入单位预算管理、拨付给所属单位的非同级财政拨款资金。原制度的拨出经费是指行政单位根据核定的预算对所属单位转拨的经费。因为在未实行国库集中支付时，主管会计单位和二级会计单位除负有本单位经费支出核算的任务外，还负有对所属单位转拨经费的任务，拨出经费就是用于核算行政单位按核定预算拨付所属单位的预算资金。实行国库集中支付以后，各级财政一般不再通过主管部门层层转拨预算资金，对于预算资金而言也就不存在拨出经费的概念了。拨出经费有以下特征：

（1）必须纳入预算管理。纳入预算管理有两方面的含义：一方面，不能因为这项资金是要对外拨出，就可以将其剔除在部门预算之外；另一方面，纳入预算管理也是判断是否属于拨出经费的前提条件。比如对于其他单位通过本行政单位转拨给所属单位的资金，严格来讲，行政单位只起“二传手”的作用，这笔资金从根本上看就不应纳入本单位的预算管理，因此也就不属于拨出经费的范围，行政单位可通过往来款项进行核算和反映。

（2）拨付给所属单位。行政单位与非所属单位之间并不存在经费领拨和预算申报关系，因此行政单位对非所属单位不能拨出经费。对于行政单位支付非所属单位成本费用性质的资金，应纳入行政单位经费支出范畴管理。

（3）非同级财政拨款资金。需要注意的是，“非同级财政拨款”并非指“非同级”的“财政拨款”——除了同级财政以外其他各级财政的拨款，而是指“非”“同级财政拨款”——除了同级财政拨款以外的其他各项资金。也就是说，使用除了同级财政拨款以外的其他资金拨付安排所属单位的，都属于拨出经费范畴。从这个角度看，行政单位拨出经费的资金来源只能是行政单位的其他收入。

实际工作中往往也会出现这样的情况：行政单位收到财政拨款，发现这笔拨款应转拨至所属单位使用，但“拨出经费”科目又明显不适用于这笔业务，从而难以找到合适的对应科目。在这种情况下，有两种处理方式可供选择：一是行政单位收到拨款时作为财政拨款收入，拨付所属单位时作为经费支出进行核算，所属单位收到资金时作为非财政拨款（补助）收入进行核算。二是行政单位收到拨款时先作为其他应付款核算，拨出时冲减其他应付款；所属单位收到转拨款时作为财政（拨款）补助收入核算。考虑到《行政单位会计制度》中规定“其他应付款”的核算范围包括未纳入行政单位预算管理的转拨资金，因此，第二种处理方式较为可取。

需要强调的是，尽管赞成第二种处理方式，但这种处理方式有一个前提条件，那就是财政部门必须要认可。因为财政部门既然将这笔拨款拨到行政单位，那就说明财政部门批复下达的预算指标均指向和对应行政单位，行政单位上报决算中的财政拨款收入，原则上必须与财政总预算的指标账与拨款账相吻合。如果行政单位未经财政部门同意，自行将本应反映到行政单位的财政拨款收入，调整到所属事业单位作为财政补助收入反映，就会导致两个单位各自的财政拨款（补助）收入与财政总预算登记的指标和拨款不相符。从财政预算管理的角度看，出现这种问题是不允许的。

2. 拨出经费的核算

行政单位应设置“拨出经费”总账科目，核算行政单位向所属单位拨出的纳入单位预算管理的非同级财政拨款资金，如拨给所属单位的专项经费和补助经费等。

“拨出经费”科目应当分别按照“基本支出”和“项目支出”进行明细核算；还应当按照接受拨出经费的具体单位和款项类别等分别进行明细核算。

第三节　行政单位负债的核算

一、行政单位负债的认知

（一）行政单位负债的特点

行政单位负债是指行政单位所承担的能以货币计量、需要以资产或者劳务偿还的债务。具有以下特点：

（1）负债是行政单位现实存在的债务，即行政单位在过去的业务活动中产生的、现实存在的、需要单位偿还的经济负担。

（2）负债是可以用货币计量的债务。负债只有通过货币计量，才能明确债权人的权益和债务人的责任，才能对其进行会计核算。

（3）负债需要以债权人所能接受的资产或者劳务偿还，即债务人必须按照债权人的要求或意愿偿还债务。

（二）行政单位负债的类别

1. 流动负债

流动负债是预计在 1 年内（含 1 年）偿还的负债，主要包括应缴财政款、应缴税费、应付职工薪酬、应付及暂存款项、应付政府补贴款等。

（1）应缴财政款是指行政单位按照规定取得的应当上缴财政的款项。

（2）应缴税费是指行政单位按照国家税法等有关规定应当缴纳的各种税费。

（3）应付职工薪酬是指行政单位按照有关规定应付的职工工资、津贴补贴等。

（4）应付及暂存款项是指行政单位在开展业务活动过程中发生的各项债务，包括应付账款、其他应付款等。

（5）应付政府补贴款是指负责发放政府补贴的行政单位，按照有关规定应付给政府补贴接受者的各种政府补贴款。

2. 非流动负债

非流动负债是流动负债以外的负债，主要包括长期应付款和受托代理负债。

（三）行政单位负债的计量

行政单位对符合负债定义的债务，应当在确定承担偿债责任并且能够可靠地进行货币计量时确认。符合负债定义并确认的负债项目，应当列入资产负债表；行政单位承担或有偿付责任（偿付责任需要通过未来不确定事项的发生或不发生予以证实）的负债，不列入资产负债表，但应当在报表附注中披露。行政单位的负债，应当按照承担的相关合同金额或实际发生额进行计量。

二、行政单位应缴财政款的核算

应缴财政款是指行政单位在业务活动中取得的按规定应上缴财政的各种款项，属于非税收入，主要包括政府性基金、行政事业性收费、罚没收入、没收财物变价款、无主财物变价款、赃款和赃物变价款、国有资产处置和出租收入以及其他应缴财政的资金等。

（一）应缴财政款的管理原则

（1）行政单位取得罚没收入、行政事业性收费、政府性基金、国有资产处置和出租出借收入等，应当按照国库集中收缴的有关规定及时足额上缴，不得隐瞒、滞留、截留、挪用和坐支。

（2）行政单位的应缴财政款项应当按照同级财政部门规定的缴款方式、缴款期限及其他缴款要求及时办理缴库。

（3）每月月末无论是否达到缴款额度，均应清理结缴。

（4）年终必须将当年的应缴财政款项全部清缴入库。

行政单位的应缴财政款应当在收到应缴财政的款项时确认，按照实际收到的应缴财政款项的金额入账。

（二）应缴财政款的科目设置原则

为了核算行政单位取得的按规定应当上缴财政的款项，行政单位在负债要素类设置“应缴财政款”总账科目。本科目借方登记已缴数；贷方登记应缴数；本科目贷方余额反映应缴未缴数。年终全部上缴后，本科目应无余额。

三、行政单位应付职工薪酬的核算

（一）应付职工薪酬的类别

行政单位职工在其任职期间会取得工资、津贴补贴及其他个人收入等职工薪酬。

行政单位职工工资是指行政单位按国家统一规定发放给在职人员的职务工资、级别工资、年终一次性奖金，以及经国务院或人事部、财政部批准设立的津贴补贴，社会保险费，住房公积金等。

离退休费是指按国家统一规定发放给离退休人员的离休、退休费及经国务院或人事部、财政部批准设立的津贴补贴。

地方（部门）津贴补贴是各地区各部门各单位出台的津贴补贴。

其他个人收入是指按国家规定发给个人除上述以外的其他收入，包括误餐费、夜餐费，出差人员伙食补助费、市内交通费，出国人员伙食费、公杂费、个人国外零用费，发放给个人的一次性奖励等。

行政单位的应付职工薪酬应当在规定支付职工薪酬时确认，应当按照有关工资发放规定、工资及补贴标准、应发薪酬人数、出勤等实际情况，计算确定入账金额。

（二）应付职工薪酬的账务处理

（1）发生应付职工薪酬，按照计算出的应付职工薪酬金额，借记相关支出科目，贷记本科目。

（2）向职工支付工资、津贴补贴等薪酬，按照实际支付的金额，借记本科目，贷记“银行存款”“财政拨款收入”“零余额账户用款额度”等科目。

从应付职工薪酬中代扣为职工垫付的水电费、房租等费用时，按照实际扣除的金额，借记本科目（工资），贷记“其他应收款”等科目。

从应付职工薪酬中代扣代缴个人所得税，按照代扣代缴的金额，借记本科目（工资），贷记“应缴税费”科目。

从应付职工薪酬中代扣代缴社会保险费和住房公积金，按照代扣代缴的金额，借记本科目（工资），贷记“其他应付款”科目。

四、行政单位应付账款的核算

应付账款是行政单位因购买物资或服务、工程建设等而应付的偿还期限在 1 年以内（含 1 年）的款项。

（一）应付账款的科目设置

行政单位的应付账款应当在收到所购物资或服务、完成工程等而产生应付款项时确认，应当按照购买物资或服务应付未付的金额入账。

为了核算行政单位因购买物资或服务、工程建设等而应付的款项，行政单位在负债要素类设置“应付账款”总账科目。本科目贷方登记行政单位因购买物资或服务、完成工程等应付未付的款项；借方登记已支付的应付款项；期末贷方余额，反映行政单位尚未支付的应付账款。

本科目应当按照债权单位（或个人）进行明细核算。

（二）应付账款的账务处理

（1）收到所购物资或服务、完成工程但尚未付款时，按照应付未付款项的金额，借记“待偿债净资产”科目，贷记本科目。

（2）偿付应付账款时，借记本科目，贷记“待偿债净资产”科目；同时，借记“经费支出”科目，贷记“财政拨款收入”“零余额账户用款额度”“银行存款”等科目。

（3）无法偿付或债权人豁免偿还的应付账款，应当按照规定报经批准后进行账务处理。经批准核销时，借记本科目，贷记“待偿债净资产”科目。核销的应付账款应在备查簿中保留登记。

第四节　行政单位净资产的核算

一、行政单位净资产的特征

行政单位的净资产是行政单位所拥有的资产净值，反映国家和行政单位的资产所有权。从数量上而言，行政单位净资产等于行政单位全部资产与全部负债的差额；从内容上而言，行政单位净资产来源于一定期间收入与支出相抵后余额的结转结余，其特征有：①行政单位净资产是由单位掌管支配的，能在一定程度上代表单位的经济实力。②行政单位净资产能够用货币计量。行政单位的净资产主要包括以下方面：

（1）财政拨款结转是行政单位当年预算已执行但尚未完成，或因故未执行，下一年度需要按照原用途继续使用的滚存的财政拨款结转资金，包括基本支出结转、项目支出结转。

（2）财政拨款结余是行政单位当年预算工作目标已完成，或因故终止，滚存的财政拨款项目支出结余资金。

（3）其他资金结转结余是行政单位除财政拨款收支以外的各项收支相抵后剩余的滚存资金。

（4）资产基金是行政单位的非货币性资产在净资产中占用的金额。

（5）待偿债净资产是行政单位因发生应付账款和长期应付款而相应需在净资产中冲减的金额。行政单位净资产的金额取决于资产和负债的计量。

二、行政单位财政拨款结转的核算

（一）财政拨款结转的科目设置原则

为了核算行政单位滚存的财政拨款结转资金，行政单位在净资产要素类设置“财政拨款结转”总账科目。本科目贷方登记财政拨款结转资金的增加数；借方登记财政拨款结转资金的减少数；期末贷方余额，反映行政单位滚存的财政拨款结转资金数。

本科目应当设置“基本支出结转”“项目支出结转”两个明细科目；在“基本支出结转”明细科目下按照“人员经费”和“日常公用经费”进行明细核算，在“项目支出结转”明细科目下按照具体项目进行明细核算；本科目还应当按照《政府收支分类科目》中“支出功能分类”的“项”级科目进行明细核算。

本科目还可以根据管理需要按照财政拨款结转变动原因，设置“收支转账”“结余转账”“年初余额调整”“归集上缴”“归集调入”“单位内部调剂”“剩余结转”等明细科目，进行明细核算。

（二）财政拨款结转的账务处理

1. 调整以前年度财政拨款结转

因发生差错更正，以前年度支出收回等原因，需要调整财政拨款结转的，按照实际调增财政拨款结转的金额，借记有关科目，贷记本科目（年初余额调整）；按照实际调减财政拨款结转的金额，借记本科目（年初余额调整），贷记有关科目。

2. 上缴财政拨款结转

按照规定上缴财政拨款结转资金时，按照实际核销的额度数额或上缴的资金数额，借记本科目（归集上缴）及其明细，贷记“财政应返还额度”“零余额账户用款额度”“银行存款”等科目。

3. 从其他单位调入财政拨款结余资金

按照规定从其他单位调入财政拨款结余资金时，按照实际调增的额度数额或调入的资金数额，借记“零余额账户用款额度”“银行存款”等科目，贷记本科目（归集调入）及其明细。

4. 结转本年财政拨款收入和支出

（1）年末，将财政拨款收入本年发生额转入本科目，借记“财政拨款收入——基本支出拨款/项目支出拨款”科目及其明细，贷记本科目（收支转账——基本支出结转/项目支出结转）及其明细。

（2）年末，将财政拨款支出本年发生额转入本科目，借记本科目（收支转账——基本支出结转/项目支出结转）及其明细，贷记“经费支出——财政拨款支出——基本支出/项目支出”科目及其明细。

三、行政单位财政拨款结余的核算

（一）财政拨款结余的科目设置原则

为了核算行政单位滚存的财政拨款项目支出结余资金，行政单位在净资产要素类设置“财政拨款结余”总账科目。本科目贷方登记财政拨款项目余额的转入数；借方登记上缴财政拨款的结余数或调剂数；期末贷方余额，反映行政单位滚存的财政拨款结余资金数额。

本科目还可以根据管理需要按照财政拨款结余变动原因，设置“结余转账”“年初余额调整”“归集上缴”“单位内部调剂”“剩余结余”等明细科目，进行明细核算。

（二）财政拨款结余的账务处理

1. 调整以前年度财政拨款结余

“因发生差错更正、以前年度支出收回等原因，需要调整财政拨款结余的，按照实际调增财政拨款结余的金额，借记有关科目，贷记本科目（年初余额调整）；按照实际调减财政拨款结余的金额，借记本科目（年初余额调整），贷记有关科目。”(刘淑琴，刘彩丽，2017)

2. 上缴财政拨款结余

按照规定上缴财政拨款结余时，按照实际核销的额度数额或上缴的资金数额，借记本科目（归集上缴）及其明细，贷记“财政应返还额度”“零余额账户用款额度”“银行存款”等科目。

3. 将完成项目的结转资金转入财政拨款结余

年末，对财政拨款各项目执行情况进行分析，按照有关规定将符合财政拨款结余性质的项目余额转入本科目，借记“财政拨款结转”（结余转账——项目支出结转）科目及其明细，贷记本科目（结余转账——项目支出结余）及其明细。

4. 单位内部调剂结余资金

经财政部门批准将本单位完成项目结余资金调整用于基本支出或其他未完成项目支出时，按照批准调剂的金额，借记本科目（单位内部调剂）及其明细，贷记“财政拨款结转”（单位内部调剂）科目及其明细。

第三章 事业单位财务会计核算

第一节 事业单位资产的核算

一、事业单位资产的认知

“资产是指行政单位占有或者使用的，能以货币计量的经济资源。”（崔运政，2015）

（一）事业单位资产的特性

(1) 资产的所有权归属于国家，占有权或者使用权属于事业单位。事业单位必须拥有经济资源法律上的占用权或者使用权，才能将其确认为资产。

(2) 资产是事业单位的一项经济资源，预期能为事业单位带来经济利益或者服务潜力，资产是事业单位开展业务活动的物质基础，可以为事业单位正常运行和完成日常工作任务、特定任务提供或创造条件。

(3) 事业单位不得擅自出租、出借资产，如需出租、出借资产的，应当按照国家有关规定经主管部门审核同意后，报同级财政部门审批。

(4) 事业单位的资产应当按照国家有关规定实行共享。

（二）事业单位资产的内容

事业单位的资产按照流动性，分为流动资产和非流动资产，流动资产是指预计在 1 年内(含 1 年)变现或者耗用的资产。流动资产包括货币资金、短期投资、应收及预付款项、存货等。非流动资产是指流动资产以外的资产。非流动资产包括长期投资、在建工程、固定资产、无形资产等。

事业单位的资产具体科目为：① 1001，库存现金；② 1002，银行存款；③ 1011，零余额账户用款额度；④ 1101，短期投资；⑤ 1201，财政应返还额度；⑥ 1211，应收票据；⑦ 1212，应收账款；⑧ 1213，预付账款；⑨ 1215，其他应收款；⑩ 1301，存货；⑪ 1401，长期投资；⑫ 1501，固定资产；⑬ 1502，累计折旧；⑭ 1511，在建工程；⑮ 1601，无形资产；⑯ 1602，累计摊销；⑰ 1701，待处置资产损溢。

（三）事业单位资产的确认

事业单位对符合资产定义的经济资源，应当在取得对其相关的权利并且能够可靠地进行货币计量时确认。符合资产定义并确认的资产项目，应当列入资产负债表。

在符合资产定义的前提下，资产的确认应当同时满足两个条件：第一，资产应当在取得对其相关的权利时确认，相关权利包括占用权、使用权等，此时与该经济资源有关的经济利益或者服务潜力很可能流入事业单位；第二，资产应当在能够可靠计量时确认，可计量性是会计要素确认的重要前提，相关经济资源的成本或者价值能够可靠计量时才能确认为资产。

（四）事业单位资产的计量

1. 事业单位资产的初始计量

事业单位的资产应当按照取得时的实际成本进行计量。除国家另有规定外，事业单位不得自行调整其账面价值。应收及预付款项应当按照实际发生额进行计量。

资产取得时的实际成本的确定，应当区分支付对价和未支付对价两种情况。

（1）以支付对价方式取得的资产，应当按照取得资产时支付的现金或者现金等价物的金额，或者按照取得资产时所付出的非货币性资产的评估价值等金额计量。

（2）取得资产时未支付对价的，其计量金额应当按照有关凭据注明的金额加上相关税费、运输费等确定；没有相关凭据的，其计量金额比照同类或类似资产的市场价格加上相关税费、运输费等确定；没有相关凭据、同类或类似资产的市场价格也无法可靠取得的，所取得的资产应当按照名义金额（人民币 1 元）入账。

2. 资产的后续计量及处置

事业单位不需要对各项资产进行减值测试计提减值准备，后续计量主要是指对固定资产的折旧和无形资产的摊销。事业单位应当按照《事业单位财务规则》或相关财务制度的规定确定是否对固定资产计提折旧、对无形资产进行摊销。逾期三年或以上、有确凿证据表明确实无法收回的应收账款、预付账款、其他应收款的账面余额，按规定报经批准后予以核销。处置固定资产、无形资产时，需要将其账面价值转入待处置资产损溢。

二、事业单位流动资产的核算

事业单位的流动资产是指预计在 1 年内（含 1 年）变现或者耗用的资产，包括库存现金、银行存款、零余额账户用款额度、短期投资、财政应返还额度、应收票据、应收账款、预付账款、其他应收款、存货。

（一）库存现金核算

库存现金，是指事业单位存放在其财务部门的可随时用于支用的现金。

1. 科目设置

事业单位设置“库存现金”科目，核算事业单位的库存现金的收付及结存情况。本科目期末借方余额，反映事业单位实际持有的库存现金。

2. 库存现金的管理要求

按照《现金管理暂行条例》及其实施细则的规定，事业单位现金的管理应遵循以下要求：

（1）按规定范围使用现金。事业单位可以在下列范围内使用现金：职工工资、津贴；个人劳务报酬；根据国家规定颁发给个人的科学技术、文化艺术、体育等各种奖金；各种劳保、福利费用以及国家规定的对个人的其他支出；向个人收购农副产品和其他物资的价款；出差人员必须随身携带的差旅费；结算起点以下的零星支出（结算起点为1000元）；中国人民银行确定需要支付现金的其他支出。除上述业务可以用现金支付外，其他款项的支付应通过开户银行办理转账结算。

（2）严格库存现金限额的管理。库存现金的限额是指为了保证单位日常零星开支的需要，允许单位留存现金的最高数额。开户银行应当根据实际需要，核定开户单位3天至5天的日常零星开支所需的库存现金限额。边远地区和交通不便地区的开户单位的库存现金限额，可以多于5天，但不得超过15天的日常零星开支。经核定的库存现金限额，开户单位必须严格遵守。需要增加或者减少库存现金限额的，应当向开户银行提出申请，由开户银行核定。

（3）收支分开，不准坐支现金。事业单位现金收入应当于当日送存开户银行，当日送存确有困难的，由开户银行确定送存时间。单位支付现金，可以从本单位库存现金限额中支付或者从开户银行提取，不得从本单位的现金收入中直接支付（即坐支）。因特殊情况需要坐支现金的，应当事先报经开户银行审查批准，由开户银行核定坐支范围和限额。坐支单位应当定期向开户银行报送坐支金额和使用情况。未经银行批准，单位不得擅自坐支现金。

（4）加强现金收支的日常管理。加强现金收支的日常管理要做到三个方面：一是实行钱账分管。二是设置“现金日记账”，由出纳人员根据收付款凭证，按照业务发生顺序逐笔登记。事业单位如果有外币现金的，应当分别按照人民币、各种外币设置“现金日记账”进行明细核算。每日终了，应当计算当日的现金收入合计数、现金支出合计数和结余数，并将结余数与实际库存数核对，做到账款相符。现金收入业务较多、单独设有收款部门的事业单位，收款部门的收款员应当将每天所收现金连同收款凭据等一并交财务部门核收记账；或者将每天所收现金直接送存开户银行后，将收款凭据及向银行送存现金的凭证等一并交财务部门核收记账。三是任何现金收付业务的办理，必须以合法的原始凭证为依据。

3. 账务处理

（1）存取现金。从银行等金融机构提取现金，按照实际提取的金额，借记“库存现金”科目，贷记“银行存款”等科目；将现金存入银行等金融机构，按照实际存入的金额，借记“银行存款”等科目，贷记“库存现金”科目。

（2）借出现金。因内部职工出差等原因借出的现金，按照实际借出的现金金额，借记“其他应收款”科目，贷记“库存现金”科目；出差人员报销差旅费时，按照应报销的金额，借记有关科目，按照实际借出的现金金额，贷记“其他应收款”科目，按其差额，借记或贷记“库存现金”科目。

（3）现金收支。因开展业务等其他事项收到现金，按照实际收到的金额，借记“库存现金”科目，贷记有关科目；因购买服务或商品等其他事项支出现金，按照实际支出的金额，借记有关科目，贷记“库存现金”科目。

（4）外币收支。事业单位发生外币业务的，应当按照业务发生当日或当期期初的即期汇率，将外币金额折算为人民币金额记账，并登记外币金额和汇率。期末，各种外币账户的期末余额，应当按照期末的即期汇率折算为人民币，作为外币账户期末人民币余额。调整后的各种外币账户人民币余额与原账面余额的差额，作为汇兑损益计入当期支出。

（5）现金盘点。每日账款核对中发现现金溢余或短缺的，应当及时处理。如发现现金溢余，属于应支付给有关人员或单位的部分，借记“库存现金”科目，贷记“其他应付款”科目；属于无法表明原因的部分，借记“库存现金”科目，贷记“其他收入”科目。如发现现金短缺，属于应由责任人赔偿的部分，借记“其他应收款”科目，贷记“库存现金”科目；属于无法查明原因的部分，报经批准后，借记“其他支出”科目，贷记“库存现金”科目。

（二）银行存款核算

银行存款，是指事业单位存入银行和其他金融机构的各种存款。

1. 科目设置

事业单位设置“银行存款”科目，核算事业单位银行存款的收付及结存情况。本科目期末借方余额，反映事业单位实际存放在银行或其他金融机构的款项。

2. 银行存款的管理要求

（1）按照规定开设银行账户。事业单位应当由财务部门统一开设和管理银行存款账户。事业单位开设银行存款账户的，应当报主管预算单位和同级财政部门审批，在其指定的银行开户，禁止多头开户。事业单位的银行存款账户，一般包括基本存款账户、专用存款账户和一般存款账户。

（2）严格管理银行账户。事业单位必须按照同级财政部门和中国人民银行规定的用途使用银行账户。不得将预算收入汇缴专用存款账户资金和财政拨款转为定期存款，不得以个人名义存放单位资金，不得出租、转让银行账户，不得为个人或其他单位提供信用。

（3）按规定和实际需要选择转账结算方式。事业单位除了可以使用现金进行支付外，其他资金支付必须通过银行进行转账。事业单位通常使用的转账方式包括支票、银行本票、银行汇票、商业汇票、汇兑、委托收款、异地托收承付、公务卡等。

（4）设置“银行存款日记账”。事业单位应当按开户银行或其他金融机构、存款种类及币种等，分别设置“银行存款日记账”，由出纳人员根据收付款凭证，按照业务的发生顺序逐笔登记，每日终了应结出余额。事业单位发生外币存款的，应当分别按照人民币、各种外币设置“银行存款日记账”进行明细核算，“银行存款日记账”应定期与“银行对账单”核对，至少每月核对一次。月度终了，事业单位银行存款账面余额与银行对账单余额之间如有差额，必须逐笔查明原因并进行处理，按月编制“银行存款余额调节表”，调节相符。

3. 账务处理

（1）款项的存入。将款项存入银行或其他金融机构，借记“银行存款”科目，贷记“库存现金”“事业收入”“经营收入”等有关科目。

（2）款项的提取和支出。提取和支出存款时，借记有关科目，贷记“银行存款”科目。

（3）外币业务。事业单位发生外币业务的，应当按照业务发生当日（或当期期初，下同）的即期汇率，将外币金额折算为人民币记账，并登记外币金额和汇率。期末，各种外币账户的外币余额应当按照期末的即期汇率折算为人民币，作为外币账户期末人民币余额。调整后的各种外币账户人民币余额与原账面人民币余额的差额，作为汇兑损益计入相关支出。

第一，以外币购买物资、劳务等，按照购入当日的即期汇率将支付的外币或应支付的外币折算为人民币金额，借记有关科目，贷记“银行存款”“应付账款”等科目的外币账户。

第二，以外币收取相关款项等，按照收取款项或收入确认当日的即期汇率将收取的外币或应收取的外币折算为人民币金额，借记“银行存款”“应收账款”等科目的外币账户，贷记有关科目。

第三，期末，根据各外币账户按期末汇率调整后的人民币余额与原账面人民币余额的差额，作为汇兑损益，借记或贷记“银行存款”“应收账款”“应付账款”等科目，贷记或借记“事业支出”“经营支出”等科目。

（三）零余额账户用款额度核算

单位零余额账户，是指由同级财政部门为其在商业银行开设的用于本单位财政授权支付的账户。通过该账户，事业单位可以办理转账、汇兑、委托收款和提取现金等支付结算业务，但单位的非财政性资金不得进入。单位零余额账户是一个过渡账户，而不是实存账户。

零余额账户用款额度是指实行国库集中支付的事业单位根据财政部门批复的用款计划收到和支用的财政授权支付额度，具有与银行存款相同的支付结算功能。国库集中收付制度下，事业单位经财政部门审批，在国库集中支付代理银行开设单位零余额账户，用于财政授权支付的结算。财政部门根据预算安排和资金使用计划，定期向事业单位的单位零余额账户下达财政授权支付额度。在此额度内，事业单位可按审批的分月用款计划开具支付令，通知代理银行办理财政授权支付额度的日常支付。

零余额账户用款额度在年度内可累加使用。代理银行在用款额度累计余额内，根据事业单位支付指令，及时、准确地办理资金支付等业务，并在规定的时间内与国库单一账户清算。

1. 科目设置

事业单位设置“零余额账户用款额度”科目，核算实行国库集中支付的事业单位根据财政部门批复的用款计划收到和支用的财政授权支付额度。本科目期末借方余额，反映事业单位尚未支用的零余额账户用款额度。年终注销处理后，本科目年末应无余额。

2. 账务处理

（1）下达授权支付额度。在财政授权支付方式下，事业单位收到代理银行盖章的“财政授权支付到账通知书”时，根据通知书所列数额，借记“零余额账户用款额度”科目，贷记“财政补助收入”科目。

（2）使用财政授权支付额度。按规定支用额度时，借记有关科目，贷记“零余额账户用款额度”科目。从零余额账户提取现金时，借记“库存现金”科目，贷记“零余额账户用款额度”科目。

（3）财政授权支付额度退回。因购货退回等发生国库授权支付额度退回的，属于以前年度支付的款项，按照退回金额，借记“零余额账户用款额度”科目，贷记“财政补助结转”“财政补助结余”“存货”等有关科目；属于本年度支付的款项，按照退回金额，借记“零余额账户用款额度”科目，贷记“事业支出”“存货”等有关科目。

（4）财政授权支付额度的年终结余事项。年度终了，依据代理银行提供的对账单作注销额度的相关账务处理，借记“财政应返还额度——财政授权支付”科目，贷记“零余额账户用款额度”科目，事业单位本年度财政授权支付预算指标数大于零余额账户用款额度下达数的，根据未下达的用款额度，借记“财政应返还额度——财政授权支付”科目，贷记“财政补助收入”科目。

下年初，事业单位依据代理银行提供的额度恢复到账通知书作恢复额度的相关账务处理，借记“零余额账户用款额度”科目，贷记“财政应返还额度——财政授权支付”科目。事业单位收到财政部门批复的上年末未下达零余额账户用款额度的，借记“零余额账户用款额度”科目，贷记“财政应返还额度——财政授权支付”科目。

（四）短期投资核算

短期投资，是指事业单位依法取得的，持有时间不超过1年（含1年）的投资，主要是国债投资。

1. 科目设置

事业单位应当严格遵守国家法律、行政法规以及财政部门、主管部门关于对外投资的有关规定，事业单位按规定可以利用货币资金购入国家发行的公债。事业单位的短期投资主要是国债投资。事业单位设置“短期投资”科目，核算事业单位依法取得的短期国债投资。本科目应当按照国债投资的种类等进行明细核算。本科目期末借方余额，反映事业单位持有的短期投资成本。

2. 账务处理

(1) 取得短期投资。短期投资在取得时，应当按照其实际成本（包括购买价款以及税金、手续费等相关税费）作为投资成本，借记“短期投资”科目，贷记“银行存款”等科目。

(2) 持有期间的利息。短期投资持有期间收到利息时，按实际收到的金额，借记“银行存款”科目，贷记“其他收入——投资收益”科目。

(3) 出售或到期收回。出售短期投资或到期收回短期国债本息，按照实际收到的金额，借记“银行存款”科目，按照出售或收回短期国债的成本，贷记“短期投资”科目，按其差额，贷记或借记“其他收入——投资收益”科目。

（五）财政应返还额度核算

财政应返还额度，是指实行国库集中支付的事业单位应收财政返还的资金额度，即事业单位年终注销的、需要在次年恢复的年度未实现的用款额度。实行国库集中收付制度后，事业单位的财政经费由财政部门通过国库单一账户体系支付。事业单位的年度预算指标包括财政直接支付额度和财政授权支付额度。

在财政直接支付方式下，事业单位在财政直接支付额度内根据批准的分月用款计划，提出支付申请，财政部门审核后签发支付令，通过财政零余额账户实现日常支付。

在财政授权支付方式下，由财政部门先对单位零余额账户下达本月授权支付的用款额度，事业单位在该额度内可自行签发支付令，通过单位零余额账户实现日常支付与取现需求。

年度终了，事业单位需要对本年度未实现的用款额度进行注销，形成财政应返还额度，以待次年初予以恢复。

事业单位的财政应返还额度包括财政应返还直接支付额度和财政应返还授权支付额度。

财政应返还直接支付额度是指被注销的未使用直接支付的额度，即财政直接支付额度本年预算指标数与当年财政直接支付额度实际支出数的差额。

财政应返还授权支付额度是指被注销的财政授权支付未下达和未使用的额度。即财政授权支付额度本年预算指标数与当年事业单位授权支付实际支出数的差额，包括两个部分：①未下达的授权支付额度，是指当年预算已经安排，但财政部门当年没有下达到事业单位零余额账户的授权支付额度，即授权支付额度的本年预算指标数与当年下达数之间的差额；②未使用的授权支付额度，是指财政部门已经将授权支付额度下达到事业单位的单位零余额账户，但事业单位当年尚未使用的额度，即授权支付额度的本年下达数与当年实际使用数之间的差额。

1. 科目设置

事业单位设置“财政应返还额度”科目，核算实行国库集中支付的事业单位应收财政返还的资金额度。本科目应当设置“财政直接支付”“财政授权支付”两个明细科目，进行明细核算。本科目期末借方余额，反映事业单位应收财政返还的资金额度。

2. 账务处理

（1）财政直接支付方式下，年度终了，事业单位根据本年度财政直接支付预算指标数与当年财政直接支付实际支出数的差额，借记“财政应返还额度——财政直接支付”科目，贷记“财政补助收入”科目。下年初，收到恢复财政直接支付额度通知书时无需作会计分录，不冲销“财政应返还额度——财政直接支付”科目，只进行预算记录。事业单位使用已恢复的财政直接支付额度进行支付时，借记有关科目，贷记“财政应返还额度——财政直接支付”科目。

（2）财政授权支付方式下，年度终了，事业单位依据代理银行提供的对账单作注销未使用额度的相关账务处理，借记“财政应返还额度——财政授权支付”科目，贷记“零余额账户用款额度”科目。事业单位本年度财政授权支付预算指标数大于零余额账户用款额度下达数的，根据未下达的用款额度，借记“财政应返还额度——财政授权支付”科目，贷记“财政补助收入”科目。

下年初，事业单位依据代理银行提供的财政授权支付额度恢复到账通知书作恢复额度的相关账务处理，借记“零余额账户用款额度”科目，贷记“财政应返还额度——财政授权支付”科目。事业单位收到财政部门批复的上年末未下达零余额账户用款额度时，借记

“零余额账户用款额度”科目，贷记“财政应返还额度——财政授权支付”科目。

事业单位使用已恢复的财政授权支付额度，应当根据支付的经济内容，借记相应的支出或资产类科目，贷记“零余额账户用款额度”科目。

（六）应收票据核算

应收票据，是事业单位因开展经营活动销售产品、提供有偿服务等而收到的商业汇票，包括商业承兑汇票和银行承兑汇票。

1. 商业汇票分类

（1）按照承兑人不同，商业汇票可分为商业承兑汇票和银行承兑汇票。商业承兑汇票是由收款人签发，经付款人承兑或由付款人签发并承兑的汇票。商业承兑汇票到期时，如付款账户不足支付，银行则将商业承兑汇票退给收款人，由购销双方自行解决，银行不负责任。

银行承兑汇票是由收款人或承兑申请人签发，并由承兑申请人向开户银行申请，经银行审查同意承兑的汇票。银行承兑汇票到期时，如购货单位未能将票据交存银行，则银行向收款人或贴现银行无条件支付票款。

（2）按照是否计息，商业汇票可分为带息票据和不带息票据。带息票据是指注明票面利率和支付日期的票据。带息票据到期时，收款人根据票据面值和利息收取本息。不带息票据是指票据上无利息的票据。不带息票据到期时，收款人根据票据面值收取款项。

2. 科目设置

事业单位设置“应收票据”科目，核算事业单位因开展经营活动销售产品、提供有偿服务等而收到的商业汇票。本科目应当按照开出、承兑商业汇票的单位等进行明细核算。本科目期末借方余额，反映事业单位持有的商业汇票票面金额。

事业单位应当设置“应收票据备查簿”，逐笔登记每一应收票据的种类、号数、出票日期、到期日、票面金额、交易合同号和付款人、承兑人、背书人姓名或单位名称、背书转让日、贴现日期、贴现率和贴现净额、收款日期、收回金额和退票情况等。

3. 账务处理

（1）收到票据。因销售产品、提供服务等收到商业汇票，按照商业汇票的票面金额，借记“应收票据”科目，按照确认的收入金额，贷记“经营收入”等科目，按照应缴增值税金额，贷记“应缴税费——应缴增值税”科目。

（2）兑付票据。商业汇票到期时，应当分别按以下情况处理：第一，收回应收票据，按照实际收到的商业汇票票面金额，借记“银行存款”科目，贷记“应收票据”科目。第二，因付款人无力支付票款，收到银行退回的商业承兑汇票、委托收款凭证、未付票款通知书或拒付款证明等，按照商业汇票的票面金额，借记“应收账款”科目，贷记“应收票据”科目。

(3) 贴现票据。持未到期的商业汇票向银行贴现，按照实际收到的金额（即扣除贴现息后的净额），借记“银行存款”科目，按照贴现息，借记“经营支出”等科目，按照商业汇票的票面金额，贷记“应收票据”科目。贴现所得金额计算如下：

$$贴现所得=票据到期值-贴现息 \tag{3-1}$$

$$贴现息=票据到期值\times 贴现率\times 贴现月数/12 \tag{3-2}$$

$$票据到期值=票据面值+票据面值\times 票面利率\times 期限/12 \tag{3-3}$$

(4) 转让票据。将持有的商业汇票背书转让以取得所需物资时，按照取得物资的成本，借记有关科目，按照商业汇票的票面金额，贷记“应收票据”科目，如有差额，借记或贷记“银行存款”等科目。

（七）应收账款核算

1. 科目设置

事业单位设置“应收账款”科目，核算事业单位因开展经营活动销售产品、提供有偿服务等而应收取的款项。本科目应当按照购货、接受劳务单位（或个人）进行明细核算。本科目期末借方余额，反映事业单位尚未收回的应收账款。

2. 账务处理

(1) 发生应收账款时，按照应收未收金额，借记“应收账款”科目，按照确认的收入金额，贷记“经营收入”等科目，按照应缴增值税金额，贷记“应缴税费——应缴增值税”科目。

(2) 收回应收账款时，按照实际收到的金额，借记“银行存款”等科目，贷记“应收账款”科目。

(3) 坏账核销。事业单位的应收账款无需计提坏账准备。对于逾期三年或以上、有确凿证据表明确实无法收回的应收账款，按规定报经批准后应予以核销。核销的应收账款应在备查簿中保留登记。

转入待处置资产时，按照待核销的应收账款金额，借记“待处置资产损溢”科目，贷记“应收账款”科目。

报经批准予以核销时，借记“其他支出”科目，贷记“待处置资产损溢”科目。

已核销应收账款在以后期间收回的，按照实际收回的金额，借记“银行存款”等科目，贷记“其他收入”科目。

（八）预付账款核算

预付账款，是事业单位按照购货、劳务合同的规定预付给供应单位的款项。

1. 科目设置

事业单位设置“预付账款”科目，核算事业单位按照购货、劳务合同规定预付给供应单位的款项。本科目应当按照供应单位（或个人）进行明细核算。事业单位应当通过明细核算或辅助登记方式，登记预付账款的资金性质（区分财政补助资金、非财政专项资金和其他资金）。本科目期末借方余额，反映事业单位实际预付但尚未结算的款项。

2. 账务处理

（1）发生预付账款时，按照实际预付的金额，借记“预付账款”科目，贷记“零余额账户用款额度”“财政补助收入”“银行存款”等科目。

（2）收到所购物资或劳务，按照购入物资或劳务的成本，借记有关科目，按照相应预付账款金额，贷记“预付账款”科目，按照补付的款项，贷记“零余额账户用款额度”“财政补助收入”“银行存款”等科目。收到所购固定资产、无形资产的，按照确定的资产成本，借记“固定资产”“无形资产”科目，贷记“非流动资产基金——固定资产、无形资产”科目；同时，按资产购置支出，借记“事业支出”“经营支出”等科目，按照相应预付账款金额，贷记“预付账款”科目，按照补付的款项，贷记“零余额账户用款额度”“财政补助收入“银行存款”等科目。

（3）坏账核销。逾期三年或以上、有确凿证据表明因供货单位破产、撤销等原因已无望再收到所购物资，且确实无法收回的预付账款，按规定报经批准后予以核销，核销的预付账款应在备查簿中保留登记。

转入待处置资产时，按照待核销的预付账款金额，借记“待处置资产损溢”科目，贷记“预付账款”科目。

报经批准予以核销时，借记“其他支出”科目，贷记“待处置资产损溢”科目。

已核销预付账款在以后期间收回的，按照实际收回的金额，借记“银行存款”等科目，贷记“其他收入”科目。

（九）其他应收款核算

其他应收款，是事业单位除财政应返还额度、应收票据、应收账款、预付账款以外的其他各项应收及暂付款项。

1. 科目设置

事业单位设置“其他应收款”科目，核算事业单位除财政应返还额度、应收票据、应收账款、预付账款以外的其他各项应收及暂付款项，如职工预借的差旅费、拨付给内部有关部门的备用金、应向职工收取的各种垫付款项等。本科目应当按照其他应收款的类别以及债务单位（或个人）进行明细核算。本科目期末借方余额，反映事业单位尚未收回的其他应收款。

2. 账务处理

（1）发生其他各种应收及暂付款项时，借记“其他应收款”科目，贷记“银行存款”“库存现金”等科目。

（2）收回或转销其他各种应收及暂付款项时，借记“库存现金”“银行存款”等科目，贷记“其他应收款”科目。

（3）发放备用金。事业单位内部实行备用金制度的，有关部门使用备用金以后应当及时到财务部门报销并补足备用金。财务部门核定并发放备用金时，借记“其他应收款”科目，贷记“库存现金”等科目。根据报销数用现金补足备用金定额时，借记有关科目，贷记“库存现金”等科目，报销数和拨补数都不再通过本科目核算。

（4）坏账核销。逾期三年或以上、有确凿证据表明确实无法收回的其他应收款，按规定报经批准后予以核销。核销的其他应收款应在备查簿中保留登记。①转入待处置资产时，按照待核销的其他应收款金额，借记“待处置资产损溢”科目，贷记“其他应收款”科目；②报经批准予以核销时，借记“其他支出”科目，贷记“待处置资产损溢”科目；③已核销其他应收款在以后期间收回的，按照实际收回的金额，借记“银行存款”等科目，贷记“其他收入”科目。

（十）存货核算

1. 存货的内容

存货，是指事业单位在开展业务活动及其他活动中为耗用而储存的资产，包括各种材料、燃料、包装物、低值易耗品以及达不到固定资产标准的用具、装具、动植物等。事业单位为开展业务活动及其他活动会耗用一定的材料用品，这些材料用品购入时，需要进入仓库管理，以后再领用。事业单位应当建立健全存货的内部管理制度，对存货进行定期或者不定期的清查盘点，保证账实相符。

2. 科目设置

事业单位设置“存货”科目，核算事业单位在开展业务活动及其他活动中为耗用而储存的各种材料、燃料、包装物、低值易耗品及达不到固定资产标准的用具、装具、动植物等的实际成本。事业单位随买随用的零星办公用品，可以在购进时直接列作支出，不通过本科目核算。本科目应当按照存货的种类、规格、保管地点等进行明细核算。事业单位应当通过明细核算或辅助登记方式，登记取得存货成本的资金来源（区分财政补助资金、非财政专项资金和其他资金），发生自行加工存货业务的事业单位，应当在本科目下设置“生产成本”明细科目，归集核算自行加工存货所发生的实际成本（包括耗用的直接材料费用、发生的直接人工费用和分配的间接费用）。本科目期末借方余额，反映事业单位存货的实际成本。

3. 账务处理

（1）存货的取得。事业单位存货的取得方式，包括购入、自行加工、接受捐赠、无偿调入等。事业单位取得存货的资金来源，可能是财政性资金，也可能是非财政性资金。如果事业单位用财政性资金采购存货，需要纳入政府采购的规范，并设置“存货明细账（或备查账）”登记存货的资金来源。存货在取得时，应当按照其实际成本入账。

购入存货。购入的存货，其实际成本包括购买价款、相关税费、运输费、装卸费、保险费以及其他使得存货达到目前场所和状态所发生的其他支出。购入存货所负担的增值税进项税额是否计入存货入账价值，首先取决于作为购货方的事业单位是一般纳税人还是小规模纳税人，其次取决于购进的存货是自用还是非自用。事业单位属于小规模纳税人的，其购入的存货无论是自用还是非自用，验收入库时，都应当按照实际支付的含税价格，借记“存货”科目，贷记“银行存款”“应付账款”“财政补助收入”“零余额账户用款额度”等科目。事业单位属于一般纳税人的，其购入的自用存货验收入库时，应当按照实际支付的含税价格，借记“存货”科目，贷记“银行存款”“应付账款”“财政补助收入”“零余额账户用款额度”等科目；其购入的非自用存货（如用于生产对外销售的产品）验收入库时，应当按照实际支付的不含税价格，借记“存货”科目，按增值税专用发票上注明的增值税额，借记“应缴税费——应缴增值税（进项税额）”科目，按实际支付或应付的金额，贷记“银行存款”“应付账款”等科目。

自行加工的存货。事业单位自行加工的存货，其成本包括耗用的直接材料费用、发生的直接人工费用和按照一定方法分配的与存货加工有关的间接费用。自行加工的存货在加工过程中发生各种费用时，借记“存货——生产成本”科目，贷记“存货——领用材料相关的明细”科目、“应付职工薪酬”“银行存款”等科目。加工完成的存货验收入库，按照所发生的实际成本，借记“存货——加工完成的存货相关的明细”科目，贷记“存货——生产成本”科目。

接受捐赠、无偿调入的存货。接受捐赠、无偿调入的存货，其成本按照有关凭据注明的金额加上相关税费、运输费等确定；没有相关凭据的，其成本比照同类或类似存货的市场价格加上相关税费、运输费等确定；没有相关凭据、同类或类似存货的市场价格也无法可靠取得的，该存货按照名义金额（即人民币 1 元，下同）入账。相关财务制度仅要求进行实物管理的除外。接受捐赠、无偿调入的存货验收入库，按照确定的成本，借记“存货”科目，按照发生的相关税费、运输费等，贷记“银行存款”等科目，按照其差额，贷记“其他收入”科目。按照名义金额入账的情况下，按照名义金额，借记“存货”科目，贷记“其他收入”科目；按照发生的相关税费、运输费等，借记“其他支出”科目，贷记“银行存款”等科目。

（2）存货发出。存货在发出时，应当根据实际情况采用先进先出法、加权平均法或者个别计价法确定发出存货的实际成本。计价方法一经确定，不得随意变更。低值易耗品的成本于领用时一次摊销。

开展业务活动等领用、发出存货，按领用、发出存货的实际成本，借记“事业支出”“经营支出”等科目，贷记“存货”科目。

对外捐赠、无偿调出存货，转入待处置资产时，按照存货的账面余额，借记“待处置资产损溢”科目，贷记“存货”科目。属于增值税一般纳税人的事业单位对外捐赠、无偿调出购进的非自用材料，转入待处置资产时，按照存货的账面余额与相关增值税进项税额转出金额的合计金额，借记“待处置资产损溢”科目，按存货的账面余额，贷记“存货”科目，按转出的增值税进项税额，贷记“应缴税费——应缴增值税(进项税额转出)”科目。实际捐出、调出存货时，按照“待处置资产损溢”科目的相应余额，借记“其他支出”科目，贷记“待处置资产损溢”科目。

（3）存货的清查盘点。事业单位的存货应当定期进行清查盘点，每年至少盘点一次。对于发生的存货盘盈、盘亏或者报废、毁损，应当及时查明原因，按规定报经批准后进行账务处理。

盘盈的存货，按照同类或类似存货的实际成本或市场价格确定入账价值；同类或类似存货的实际成本、市场价格均无法可靠取得的，按照名义金额入账。盘盈的存货，按照确定的入账价值，借记“存货”科目，贷记“其他收入”科目。

盘亏或者毁损、报废的存货，转入待处置资产时，按照待处置存货的账面余额，借记“待处置资产损溢”科目，贷记“存货”科目。属于增值税一般纳税人的事业单位购进的非自用材料发生盘亏或者毁损、报废的，转入待处置资产时，按照存货的账面余额与相关增值税进项税额转出金额的合计金额，借记“待处置资产损溢”科目，按存货的账面余额，贷记“存货”科目，按转出的增值税进项税额，贷记“应缴税费——应缴增值税（进项税额转出)”科目。报经批准予以处置时，按照“待处置资产损溢”科目的相应余额，借记“其他支出”科目，贷记“待处置资产损溢”科目。

三、事业单位非流动资产的核算

事业单位的非流动资产是指流动资产以外的资产，包括长期投资、固定资产、无形资产、在建工程等，以下主要分析长期投资与固定资产。

（一）长期投资核算

长期投资，是指事业单位依法取得的，持有时间超过 1 年（不含 1 年）的各种股权和债权性质的投资。长期投资包括债券投资和股权投资。债权投资是事业单位通过利用货币资金购买国债的方式取得的投资。股权投资是事业单位利用货币资金、实物和无形资产方式向其他单位投资入股而取得的投资。

1. 科目设置

事业单位设置“长期投资”科目，核算事业单位依法取得的，持有时间超过 1 年（不含 1 年）的股权和债权性质的投资。本科目应当按照长期投资的种类和被投资单位等进行明细核算。本科目期末借方余额，反映事业单位持有的长期投资成本。

2. 账务处理

（1）长期股权投资。

第一，长期股权投资的取得。取得长期股权投资的方式包括以货币资金购入、以固定资产对外投资、以无形资产对外投资等。长期股权投资在取得时，应当按照其实际成本作为投资成本。

以货币资金取得的长期股权投资，按照实际支付的全部价款（包括购买价款以及税金、手续费等相关税费）作为投资成本，借记“长期投资”科目，贷记“银行存款”等科目；同时，按照投资成本金额，借记“事业基金”科目，贷记“非流动资产基金——长期投资”科目。

以固定资产取得的长期股权投资，按照投出固定资产的评估价值加上相关税费作为投资成本，借记“长期投资”科目，贷记“非流动资产基金——长期投资”科目，按发生的相关税费，借记“其他支出”科目，贷记“银行存款”“应缴税费”等科目；同时，按照投出固定资产对应的非流动资产基金，借记“非流动资产基金——固定资产”科目，按照投出固定资产已计提折旧，借记“累计折旧”科目，按投出固定资产的账面余额，贷记“固定资产”科目。

以已入账无形资产取得的长期股权投资，按照投出无形资产的评估价值加上相关税费作为投资成本，借记“长期投资”科目，贷记“非流动资产基金——长期投资”科目，按发生的相关税费，借记“其他支出”科目，贷记“银行存款”“应缴税费”等科目；同时，按照投出无形资产对应的非流动资产基金，借记“非流动资产基金——无形资产”科目，按照投出无形资产已计提摊销，借记“累计摊销”科目，按照投出无形资产的账面余额，贷记“无形资产”科目。以未入账无形资产取得的长期股权投资，按照评估价值加上相关税费作为投资成本，借记“长期投资”科目，贷记“非流动资产基金——长期投资”科目，按发生的相关税费，借记“其他支出”科目，贷记“银行存款”“应缴税费”等科目。

第二，长期股权投资的收益。长期股权投资持有期间，收到利润等投资收益时，按照实际收到的金额，借记“银行存款”等科目，贷记“其他收入——投资收益”科目。

第三，长期股权投资的损失。因被投资单位破产清算等原因，有确凿证据表明长期股权投资发生损失，按规定报经批准后予以核销。将待核销长期股权投资转入待处置资产时，按照待核销的长期股权投资账面余额，借记“待处置资产损溢”科目，贷记“长期投资”科目。报经批准予以核销时，借记“非流动资产基金——长期投资”科目，贷记“待处置资产损溢”科目。

第四，长期股权投资的转让。事业单位转让长期股权投资，转入待处置资产时，按照待转让长期股权投资的账面余额，借记“待处置资产损溢——处置资产价值”科目，贷记“长期投资”科目。实际转让时，按照所转让长期股权投资对应的非流动资产基金，借记“非流动资产基金——长期投资”科目，贷记“待处置资产损溢——处置资产价值”科目。

(2) 长期债券投资。

第一，长期债券投资的取得。债权投资是事业单位通过利用货币资金购买国债的方式取得的投资。长期债券投资在取得时，应当按照其实际成本作为投资成本。以货币资金购入的长期债券投资，按照实际支付的全部价款（包括购买价款以及税金、手续费等相关税费）作为投资成本，借记“长期投资”科目，贷记“银行存款”等科目；同时，按照投资成本金额，借记“事业基金”科目，贷记“非流动资产基金——长期投资”科目。

第二，长期债券投资的利息。长期债券投资持有期间收到利息时，按照实际收到的金额，借记“银行存款”等科目，贷记“其他收入——投资收益”科目。

第三，长期债券投资的到期和转让。对外转让或到期收回长期债券投资本息时，按照实际收到的金额，借记“银行存款”等科目，按照收回长期投资的成本，贷记“长期投资”科目，按照其差额，贷记或借记“其他收入——投资收益”科目；同时，按照收回长期投资对应的非流动资产基金，借记“非流动资产基金——长期投资”科目，贷记“事业基金”科目。

（二）固定资产核算

1. 固定资产的内容

固定资产，是指事业单位持有的使用期限超过 1 年（不含 1 年）、单位价值在规定标准以上，并在使用过程中基本保持原有物质形态的资产。《事业单位财务规则》对固定资产的单位价值标准进行了规范，通用设备单位价值在 1000 元以上，专用设备单位价值在 1500 元以上；单位价值虽未达到规定标准，但是耐用期限在 1 年以上的大批同类物资，也作为固定资产进行核算和管理。事业单位的固定资产一般分为六类：房屋及构筑物；专用设备；通用设备；文物和陈列品；图书、档案；家具、用具、装具及动植物。

2. 科目设置

事业单位设置“固定资产”科目，核算事业单位固定资产的原价。事业单位应当根据固定资产定义，结合本单位的具体情况，制定适合本单位的固定资产目录、具体分类方法，作为进行固定资产核算的依据。事业单位应当设置“固定资产登记簿”和“固定资产卡片”，按照固定资产类别、项目和使用部门等进行明细核算。出租、出借的固定资产，应当设置备查簿进行登记。本科目期末借方余额，反映事业单位固定资产的原价。事业单位“固定资产”科目核算的内容包括以下方面：

（1）符合前述事业单位固定资产定义的资产。

（2）对于应用软件，如果其构成相关硬件不可缺少的组成部分，应当将该软件价值包括在所属硬件价值中，一并作为固定资产进行核算；如果其不构成相关硬件不可缺少的组成部分，应当将该软件作为无形资产核算。

（3）以融资租赁租入的固定资产，作为事业单位的固定资产核算；以经营租赁租入的固定资产，不作为固定资产核算，应当另设备查簿进行登记。

（4）购入需要安装的固定资产，应当先通过“在建工程”科目核算，安装完毕交付使用时再转入本科目核算。

3. 账务处理

（1）固定资产的取得。固定资产的取得主要包括购入、自行建造、改扩建、融资租赁、接受捐赠、无偿调入等。固定资产在取得时，应当按照其实际成本入账。

第一，购入的固定资产。事业单位以货币资金购入固定资产时，其成本包括购买价款、相关税费以及固定资产交付使用前所发生的可归属于该项资产的运输费、装卸费、安装调试费和专业人员服务费等。以一笔款项购入多项没有单独标价的固定资产，按照各项固定资产同类或类似资产市场价格的比例对总成本进行分配，分别确定各项固定资产的入账成本。

购入不需安装的固定资产，按照确定的固定资产成本，借记“固定资产”科目，贷记“非流动资产基金——固定资产”科目；同时，按照实际支付金额，借记“事业支出”“经营支出”“专用基金——修购基金”等科目，贷记“财政补助收入”“零余额账户用款额度”“银行存款”等科目。

购入需要安装的固定资产，先通过“在建工程”科目核算。安装完工交付使用时，借记“固定资产”科目，贷记“非流动资产基金——固定资产”科目；同时，借记“非流动资产基金——在建工程”科目，贷记“在建工程”科目。

购入固定资产扣留质量保证金的，应当在取得固定资产时，按照确定的成本，借记“固定资产”科目（不需安装）或“在建工程”科目（需要安装），贷记“非流动资产基金——固定资产、在建工程”科目。同时取得固定资产全款发票的，应当同时按照构成资产成本的全部支出金额，借记“事业支出”“经营支出”“专用基金——修购基金”等科目，按照实际支付金额，贷记“财政补助收入”“零余额账户用款额度”“银行存款”等科目，按照扣留的质量保证金，贷记“其他应付款”［扣留期在1年以内（含1年）］或“长期应付款”（扣留期超过1年）科目；取得的发票金额不包括质量保证金的，应当同时按照不包括质量保证金的支出金额，借记“事业支出”“经营支出”“专用基金——修购基金”等科目，贷记“财政补助收入”“零余额账户用款额度”“银行存款”等科目。质保期满支付质量保证金时，借记“其他应付款”“长期应付款”科目，或借记“事业支出”“经营支出”“专用基金——

修购基金”等科目，贷记“财政补助收入”“零余额账户用款额度”“银行存款”等科目。

第二，自行建造的固定资产。事业单位自行建造的固定资产，其成本包括建造该项资产至交付使用前所发生的全部必要支出。工程完工交付使用时，按自行建造过程中发生的实际支出，借记“固定资产”科目，贷记“非流动资产基金——固定资产”科目；同时，借记“非流动资产基金——在建工程”科目，贷记“在建工程”科目。已交付使用但尚未办理竣工决算手续的固定资产，按照估计价值入账，待确定实际成本后再进行调整。

第三，固定资产的改建、扩建、修缮。在原有固定资产基础上进行改建、扩建、修缮后的固定资产，其成本按照原固定资产账面价值（“固定资产”科目账面余额减去“累计折旧”科目账面余额后的净值）加上改建、扩建、修缮发生的支出，再扣除固定资产拆除部分的账面价值后的金额确定。

将固定资产转入改建、扩建、修缮时，按固定资产的账面价值，借记“在建工程”科目，贷记“非流动资产基金——在建工程”科目；同时，按固定资产对应的非流动资产基金，借记“非流动资产基金——固定资产”科目，按固定资产已计提折旧，借记“累计折旧”科目，按固定资产的账面余额，贷记“固定资产”科目。工程完工交付使用时，借记“固定资产”科目，贷记“非流动资产基金——固定资产”科目；同时，借记“非流动资产基金——在建工程”科目，贷记“在建工程”科目。

第四，融资租入的固定资产。事业单位以融资租赁方式租入的固定资产，其成本按照租赁协议或者合同确定的租赁价款、相关税费以及固定资产交付使用前所发生的可归属于该项资产的运输费、途中保险费、安装调试费等确定。

取得固定资产时，按照确定的成本，借记“固定资产”科目（不需安装）或“在建工程”科目（需安装），按照租赁协议或者合同确定的租赁价款，贷记“长期应付款”科目，按照其差额，贷记“非流动资产基金——固定资产、在建工程”科目。同时，按照实际支付的相关税费、运输费、途中保险费、安装调试费等，借记“事业支出”“经营支出”等科目，贷记“财政补助收入”“零余额账户用款额度”“银行存款”等科目。

定期支付租金时，按照支付的租金金额，借记“事业支出”“经营支出”等科目，贷记“财政补助收入”“零余额账户用款额度”“银行存款”等科目；同时，借记“长期应付款”科目，贷记“非流动资产基金——固定资产”科目。跨年度分期付款购入固定资产的账务处理，参照融资租入固定资产。

第五，接受捐赠、无偿调入的固定资产。事业单位接受捐赠、无偿调入固定资产时，其成本按照有关凭据注明的金额加上相关税费、运输费等确定；没有相关凭据的，其成本比照同类或类似固定资产的市场价格加上相关税费、运输费等确定；没有相关凭据、同类或类似固定资产的市场价格也无法可靠取得的，该固定资产按照名义金额入账。

接受捐赠、无偿调入的固定资产，按照确定的固定资产成本，借记“固定资产”科目（不需安装）或“在建工程”科目（需安装），贷记“非流动资产基金——固定资产、在建工程”科目；按照发生的相关税费、运输费等，借记“其他支出”科目，贷记“银行存款”等科目。

（2）固定资产折旧。按月计提固定资产折旧时，按照实际计提金额，借记“非流动资产基金——固定资产”科目，贷记“累计折旧”科目。关于固定资产折旧的范围、方法等详细情况参见“累计折旧”科目。

（3）固定资产的后续支出。与固定资产有关的后续支出，应分别视以下情况处理：

为增加固定资产使用效能或延长其使用年限而发生的改建、扩建或修缮等后续支出，应当计入固定资产成本，通过“在建工程”科目核算，完工交付使用时转入本科目。有关账务处理参见“在建工程”科目。

为维护固定资产的正常使用而发生的日常修理等后续支出，应当计入当期支出但不计入固定资产成本，借记“事业支出”“经营支出”等科目，贷记“财政补助收入”“零余额账户用款额度”“银行存款”等科目。

（4）固定资产的处置。固定资产的处置方式包括出售、对外捐赠、无偿调出、对外投资等。

出售、对外捐赠、无偿调出固定资产。转入待处置资产时，按照待处置固定资产的账面价值，借记“待处置资产损溢”科目，按照已计提折旧，借记“累计折旧”科目，按照固定资产的账面余额，贷记“固定资产”科目。实际出售、捐出、调出时，按照处置固定资产对应的非流动资产基金，借记“非流动资产基金——固定资产”科目，贷记“待处置资产损溢”科目。出售固定资产过程中取得价款、发生相关税费，以及出售价款扣除相关税费后的净收入的账务处理。

以固定资产对外投资。事业单位以固定资产取得长期股权投资时，按照评估价值加上相关税费作为投资成本，借记“长期投资”科目，贷记“非流动资产基金——长期投资”科目，按发生的相关税费，借记“其他支出”科目，贷记“银行存款”“应缴税费”等科目；同时，按照投出固定资产对应的非流动资产基金，借记“非流动资产基金——固定资产”科目，按照投出固定资产已计提折旧，借记“累计折旧”科目，按照投出固定资产的账面余额，贷记“固定资产”科目。

（5）固定资产的清查盘点。事业单位的固定资产应当定期进行清查盘点，每年至少盘点一次。对于发生的固定资产盘盈、盘亏或者报废、毁损，应当及时查明原因，按规定报经批准后进行账务处理。

盘盈的固定资产。按照同类或类似固定资产的市场价格确定入账价值；同类或类似固定资产的市场价格无法可靠取得的，按照名义金额入账。盘盈的固定资产，按照确定的入账价值，借记“固定资产”科目，贷记“非流动资产基金——固定资产”科目。

盘亏或者毁损、报废的固定资产。转入待处置资产时，按照待处置固定资产的账面价值，借记“待处置资产损溢”科目，按照已计提折旧，借记“累计折旧”科目，按照固定资产的账面余额，贷记“固定资产”科目。报经批准予以处置时，按照处置固定资产对应的非流动资产基金，借记“非流动资产基金——固定资产”科目，贷记“待处置资产损溢”科目。处置毁损、报废固定资产过程中所取得的收入、发生的相关费用，以及处置收入扣除相关费用后的净收入的账务处理。

第二节 事业单位收入与支出的核算

一、事业单位收入核算

（一）事业单位收入的认知

收入，是指事业单位为开展业务及其他活动依法取得的非偿还性资金。事业单位是社会公益性组织，在向社会提供服务时要有一定的收入作为保障，收入的来源渠道主要有财政提供的补助资金，事业单位本身的业务收费，还可能是社会捐赠等其他资金，收入是事业单位取得的、会导致本期净资产增加的经济利益或者服务潜力的总流入。

1. 事业单位收入的类型划分

事业单位核算收入的会计科目包括财政补助收入、上级补助收入、事业收入、经营收入、附属单位上缴收入和其他收入。事业单位的收入可以按照不同标准分类。

(1) 按照取得方式的不同，事业单位的收入可以分为补助收入、业务活动收入、其他活动收入。

补助收入。补助收入是财政部门、上级主管部门、其他政府机构给予事业单位的补助，包括财政补助收入和上级补助收入，不包括社会其他机构对事业单位的捐赠。补助收入是一项非交换交易收入，事业单位取得此项收入时不需要向对方支付现金及现金等价物，也不需要向对方提供商品或者服务，而是以向社会提供公益性服务或者其他成果作为回报。

业务活动收入。业务活动收入是事业单位通过向社会提供商品、服务等而按规定收取的商品价款或服务费用，包括事业收入和经营收入。业务活动收入是一项交换交易收入，是事业单位按成本补偿或者等价交换的原则取得的收入。事业单位的专业业务活动具有公益属性，但为了补偿其耗费可以按国家规定的价格收取一定数额的费用。事业单位可以开展经营活动，提供的商品或服务可以按市场价格收费，以弥补其事业经费的不足。

其他活动收入。其他活动收入是除补助收入、业务活动收入之外的收入，包括附属单位上缴收入和其他收入，事业单位除了从事事业业务活动、经营业务活动外，还存在一些非日常性的活动，取得一些其他类型的收入。

(2) 按照资金性质，事业单位的收入可以分为财政性资金收入、非财政性资金收入。

财政性资金收入。财政性资金收入按照部门预算管理要求，可以分为基本支出补助和项目支出补助。①基本支出补助，这是事业单位为了保障其正常运转、完成日常工作任务而从同级财政部门取得的补助款项，包括人员经费和日常公用经费；②项目支出补助，这是事业单位为了完成特定工作任务和事业发展目标，在基本支出补助之外从同级财政部门取得的补助款项。事业单位从财政部门取得的项目支出补助必须专款专用、单独核算、专项结报。

非财政性资金收入。非财政性资金收入按照使用要求不同，可以分为专项资金收入和非专项资金收入。专项资金收入必须专款专用、单独核算、专项结报。非专项资金收入无限定性用途。

2. 事业单位收入的确认与计量

一般而言，事业单位依法取得的各项资金不需要在未来偿还，即可确认为收入。事业单位会计的收入定义中的“非偿还性资金”，是在强调取得时予以确认。根据《事业单位会计制度》的规定，事业单位的收入实行“双会计核算基础”，一般以收付实现制为核算基础，特殊的经济业务或者事项采用权责发生制。

在收付实现制基础上，收入应当在收到款项时予以确认，并按照实际收到的金额进行计量。此时，经济利益或服务潜力已经流入事业单位，并导致事业单位资产增加或负债减少。事业单位的补助收入、专业业务收入、其他业务收入一般要求按收付实现制基础确认。

在权责发生制基础上，收入应当在发生时予以确认，并按照实际发生的数额计量。此时，经济利益或服务潜力能够流入事业单位，并导致事业单位资产增加或负债减少。事业单位的经营业务收入要求按权责发生制基础确认，即提供服务或发出存货、同时收讫价款或者取得索取价款的凭据时予以确认，并按照实际收到的金额或者有关凭据注明的金额计量，事业单位经营收入以外的各项收入如果采用权责发生制基础确认，应当符合《事业单位会计制度》的规定。

（二）事业单位收入的项目核算

1. 财政补助收入核算

（1）财政补助收入，是指事业单位从同级财政部门取得的各类财政拨款。财政补助收入源于国家财政预算资金，是国家按预算安排给予事业单位的补助。财政补助收入用来弥补其事业经费的不足，促使事业单位更好地开展公益性服务活动，事业单位应当按照批准的年度部门预算和月度用款计划申请取得财政经费，并按部门预算的管理要求使用各类经费。

（2）科目设置。事业单位设置“财政补助收入”科目，核算事业单位从同级财政部门取得的各类财政拨款，包括基本支出补助和项目支出补助。本科目应当设置“基本支出”和“项目支出”两个明细科目；两个明细科目下按照《政府收支分类科目》中“支出功能分类”的相关科目进行明细核算；同时在“基本支出”明细科目下按照“人员经费”和“日常公用经费”进行明细核算，在“项目支出”明细科目下按照具体项目进行明细核算。期末结账后，本科目应无余额。

（3）账务处理。实行国库集中支付制度的事业单位通过财政直接支付方式和财政授权支付方式获取财政补助收入。尚未实行国库集中支付制度的事业单位通过财政实拨资金方式获取财政补助收入。财政补助收入的确认一般采用收付实现制，实行国库集中支付制度的事业单位的年终结余事项采用权责发生制。

财政直接支付方式。财政直接支付方式下，事业单位根据财政国库支付执行机构委托代理银行转来的“财政直接支付入账通知书”及原始凭证，按照通知书中的直接支付入账金额，借记有关科目，贷记“财政补助收入”科目。如果财政直接支付款项后，形成的是非流动资产，则需同时核算相关资产及相应的“非流动资产基金”。

年度终了，根据本年度财政直接支付预算指标数与当年财政直接支付实际支出数的差额，借记“财政应返还额度——财政直接支付”科目，贷记“财政补助收入”科目。

财政授权支付方式。财政授权支付方式下，事业单位根据代理银行转来的“授权支付到账通知书”，按照通知书中的授权支付额度，借记“零余额账户用款额度”科目，贷记“财政补助收入”科目。年度终了，事业单位本年度财政授权支付预算指标数大于零余额账户用款额度下达数的，根据未下达的用款额度，借记“财政应返还额度——财政授权支付”科目，贷记“财政补助收入”科目。

财政实拨资金方式。财政实拨资金方式主要适用于未实行国库集中收付制度的事业单位以及一些特殊财政补助款项的拨付，财政实拨资金方式下，实际收到财政补助收入时，按照实际收到的金额，借记“银行存款”等科目，贷记“财政补助收入”科目。

期末结转。期末，将本科目本期发生额转入财政补助结转，借记“财政补助收入”科目，贷记“财政补助结转”科目。

2. 上级补助收入核算

（1）上级补助收入，是事业单位收到主管部门或上级单位拨入的非财政补助收入。上级补助收入与财政补助收入不同，上级补助收入并非源于财政部门，也不是财政部门安排的财政预算资金，而是上级单位利用自身的收入或者集中的收入，对所属事业单位给予的补助，属于非财政性资金。上级补助收入并不是事业单位的常规性收入，主管部门或者上级单位一般根据自身的资金情况和事业单位的需要进行补助。

上级补助收入是事业单位的非财政性资金，需要按照主管部门或者上级单位的要求来进行管理，按规定的用途安排使用。按照使用要求的不同，上级补助收入可以分为专项资金收入和非专项资金收入。

（2）科目设置。事业单位设置“上级补助收入”科目，核算事业单位从主管部门和上级单位取得的非财政补助收入。本科目应当按照发放补助单位、补助项目、《政府收支分类科目》中“支出功能分类”相关科目等进行明细核算。上级补助收入中如有专项资金收入，还应按具体项目进行明细核算。期末结账后，本科目应无余额。

（3）账务处理。上级补助收入以收付实现制作为核算基础，按照实际收到的数额计量。

收到款项。收到上级补助收入时，按照实际收到的金额，借记“银行存款”等科目，贷记“上级补助收入”科目。

期末结转。期末，将本科目本期发生额中的专项资金收入结转入非财政补助结转，借记科目下各专项资金收入明细科目，贷记“非财政补助结转”科目；将本科目本期发生额中的非专项资金收入结转入事业结余，借记“上级补助收入”科目下各非专项资金收入明细科目，贷记“事业结余”科目。

3.事业收入核算

（1）事业收入，是事业单位开展专业业务活动及其辅助活动所取得的收入。专业业务活动是事业单位的主要业务事项，是事业单位为了实现其宗旨所开展的业务活动。各类事业单位根据其性质开展不同的业务活动，例如，学校的专业业务活动是教育活动，研究机构的专业业务活动是科研活动等。辅助活动是与专业业务活动相关的为专业业务提供支持的活动。

事业单位的业务活动具有公益属性，提供的公益性服务不以营利为目的，但在国家政策支持下可以通过事业收费来弥补其部分成本，因此，需要按成本补偿的原则制定价格，收取服务费用，取得事业收入。事业收入不同于各种补助收入，事业收入是一种有偿收入，以提供各项服务(或商品)为前提，是事业单位在业务活动中通过收费等方式取得的，事业单位应当严格按照国家批准的收费项目和收费标准进行收费，在国家政策允许的范围内依法取得事业收入。

（2）事业收入分类。首先，按照管理方式的不同，事业收入可以分为财政专户返还收入和其他事业收入两类。

财政专户返还收入。财政专户返还收入是指采用财政专户返还方式管理的事业收入。事业单位在国家政策允许范围内按政府指导价格收取事业收费，这些事业收费需要纳入财政专户管理。若某项事业收费纳入了财政专户管理，事业收入需要按“收支两条线”的方式管理，在该种方式下，事业单位取得的各项事业性收费不能立即安排支出，需要上缴同级财政部门设立的财政资金专户，支出时由同级财政部门按资金收支计划从财政专户中拨付。事业单位经过审批取得从财政专户核拨的款项时，才能确认事业收入。

其他事业收入。其他事业收入是指未采用财政专户返还方式管理的普通事业收入。事业单位提供的公益性服务不以营利为目的，但在国家政策支持下需要按成本补偿的原则制定并收取服务费用，其事业收费不需要纳入财政专户管理。例如，提供服务或商品取得的收入不需要上缴财政专户，若某项事业收费没有纳入财政专户管理，事业单位在收到各项服务收费时即可确认事业收入。

需要注意的是，事业单位业务活动中的各项收费并非都属于事业收入。事业单位因代行政府职能而收取的款项需要上缴国库，形成政府的财政收入。事业单位收取的纳入财政专户管理的各项收入需要上缴财政专户管理，核拨后形成事业单位的财政专户返还的事业收入。事业单位应当根据预算管理的要求，正确区分一项事业收费是属于事业收入，还是应缴国库款或应缴财政专户款。

其次，按照使用要求不同，事业收入可以分为专项资金收入和非专项资金收入。专项资金收入是国家或有关部门下拨的具有专门指定用途或特殊用途的资金，如更新改造、技术创新、项目建设等。这种资金要求单独核算、专款专用。非专项资金收入是指在事业单位各项收入中，除专项资金收入以外的收入。

（3）科目设置。事业单位设置“事业收入”科目，核算事业单位开展专业业务活动及其辅助活动取得的收入。本科目应当按照事业收入类别、项目、《政府收支分类科目》中“支出功能分类”相关科目等进行明细核算。事业收入中如有专项资金收入，还应按具体项目进行明细核算。期末结账后，本科目应无余额。

（4）账务处理。事业收入采用收付实现制作为核算基础，按实际收到的数额计量。

采用财政专户返还方式管理的事业收入。收到应上缴财政专户的事业收入时，按照收到的款项金额，借记“银行存款”“库存现金”等科目，贷记“应缴财政专户款”科目；向财政专户上缴款项时，按照实际上缴的款项金额，借记“应缴财政专户款”科目；贷记“银行存款”等科目；收到从财政专户返还的事业收入时，按照实际收到的返还金额，借记“银行存款”等科目，贷记“事业收入”科目。

其他事业收入。收到其他事业收入时，按照收到的款项金额，借记“银行存款”“库存现金”等科目，贷记“事业收入”科目。事业单位的事业收入需要缴纳增值税的，属于增值税小规模纳税人的事业单位应当按照出售价款扣除增值税额后的金额确认事业收入，属于增值税一般规模纳税人的事业单位应当按照扣除增值税销项税额后的价款金额确认事业收入。

期末结转。期末，将本科目本期发生额中的专项资金收入结转入非财政补助结转，借记“事业收入”科目下各专项资金收入明细科目，贷记“非财政补助结转”科目；将本科目本期发生额中的非专项资金收入结转入事业结余，借记“事业收入”科目下各非专项资金收入明细科目，贷记“事业结余”科目。

4. 经营收入核算

（1）经营收入，是事业单位在专业业务活动及其辅助活动之外开展非独立核算经营活动取得的收入。经营收入是一种有偿收入，以提供各项服务或商品为前提，是事业单位在经营活动中通过收费等方式取得的。事业单位开展经营活动的目的是通过经营活动取得一定的收入来弥补事业经费的不足。

事业单位的经营收入通常同时具备两个特征：一是开展经营活动取得的收入，二是从事业单位中的非独立核算部门开展的经营活动中取得的收入。所谓非独立核算部门，是指该部门从事业单位领取一定数额的物资、款项从事相关业务活动，不独立计算盈亏，需要把日常发生的经济业务资料报给事业单位进行会计核算。事业单位的经营收入一般包括非独立核算部门因销售商品、向社会提供经营服务等取得的收入。经营收入属于事业单位的非财政非专项资金收入。

(2) 科目设置。事业单位设置“经营收入”科目，核算事业单位在专业业务活动及其辅助活动之外开展非独立核算经营活动取得的收入。本科目应当按照经营活动类别、项目、《政府收支分类科目》中“支出功能分类”相关科目等进行明细核算。期末结账后，本科目应无余额。

(3) 账务处理。经营收入以权责发生制作为核算基础，应当在提供服务或者发出存货，同时收讫价款或者取得收款凭据时，按照收到或应收的金额予以确认。

经营收入的实现。事业单位实现经营收入时，按照确定的收入金额，借记“银行存款”“应收账款”“应收票据”等科目，贷记“经营收入”科目。属于增值税小规模纳税人的事业单位实现经营收入，按实际出售价款，借记“银行存款”“应收账款”“应收票据”等科目，按出售价款扣除增值税额后的金额，贷记“经营收入”科目，按应缴增值税金额，贷记“应缴税费——应缴增值税”科目。属于增值税一般纳税人的事业单位实现经营收入，按包含增值税的价款总额，借记“银行存款”“应收账款”“应收票据”等科目，按扣除增值税销项税额后的价款金额，贷记“经营收入”科目，按增值税专用发票上注明的增值税金额，贷记“应缴税费——应缴增值税（销项税额）”科目。

期末结转。期末，将本科目本期发生额转入经营结余，借记“经营收入”科目，贷记“经营结余”科目。

5. 附属单位上缴收入核算

(1) 附属单位上缴收入，是指事业单位附属的独立核算单位按规定标准或比例上缴的收入。附属单位，一般是指与该事业单位之间除资金联系之外，还存在其他联系的具有独立法人资格的单位，包括事业单位和企业。按照使用要求不同，附属单位上缴收入分为专项资金收入和非专项资金收入。

(2) 科目设置。事业单位设置“附属单位上缴收入”科目，核算事业单位附属独立核算单位按照有关规定上缴的收入。本科目应当按照附属单位、缴款项目、《政府收支分类科目》中“支出功能分类”相关科目等进行明细核算。附属单位上缴收入中如有专项资金收入，还应按具体项目进行明细核算期末结账后，本科目应无余额。

事业单位与附属单位之间的往来款项，不通过本科目核算，事业单位对外投资取得的投资收益也不通过本科目核算。

(3) 账务处理。附属单位上缴收入以收付实现制作为核算基础，按实际收到的数额计量。

收到上缴款项。收到附属单位缴来款项时，按照实际收到金额，借记“银行存款”等科目，贷记“附属单位上缴收入”科目。

期末结转。期末，将本科目本期发生额中的专项资金收入结转入非财政补助结转，借记科目下各专项资金收入明细科目，贷记“非财政补助结转”科目；将本科目本期发生额中的非专项资金收入结转入事业结余，借记“附属单位上缴收入”科目下各非专项资金收入明细科目，贷记“事业结余”科目。

6. 其他收入核算

（1）其他收入，是指事业单位除财政补助收入、上级补助收入、事业收入、经营收入、附属单位上缴收入以外的各项收入。事业单位其他收入的内容主要包括投资收益、银行存款利息收入、租金收入、捐赠收入、现金盘盈收入、存货盘盈收入、收回已核销应收及预付款项、无法偿付的应付及预收款项等。按照使用要求不同，其他收入分为专项资金收入和非专项资金收入。

（2）科目设置。事业单位设置“其他收入”科目，核算事业单位除财政补助收入、事业收入、上级补助收入、附属单位上缴收入、经营收入以外的各项收入。本科目应当按照其他收入的类别、《政府收支分类科目》中“支出功能分类”相关科目等进行明细核算。对于事业单位对外投资实现的投资净损益，应单设“投资收益”明细科目进行核算；其他收入中如有专项资金收入（如限定用途的捐赠收入），还应按具体项目进行明细核算。期末结账后，本科目应无余额。

（3）账务处理。其他收入以收付实现制作为核算基础，按实际收到的数额计量。

投资收益。事业单位各项短期投资、长期投资取得的投资收益都通过“其他收入”科目核算。对外投资持有期间收到利息、利润等时，按实际收到的金额，借记“银行存款”等科目，贷记“其他收入——投资收益”科目；出售或到期收回国债投资本息，按照实际收到的金额，借记“银行存款”等科目，按照出售或收回国债投资的成本，贷记“短期投资”“长期投资”科目，按其差额，贷记或借记“其他收入——投资收益”科目。

银行存款利息收入、租金收入。收到银行存款利息、资产承租人支付的租金，按照实际收到的金额，借记“银行存款”等科目，贷记“其他收入——利息收入、租金收入”科目。

捐赠收入。接受捐赠现金资产，按照实际收到的金额，借记“银行存款”等科目，贷记“其他收入——捐赠收入”科目；接受捐赠的存货验收入库，按照确定的成本，借记“存货”科目，按照发生的相关税费、运输费等，贷记“银行存款”等科目，按照其差额，贷记“其他收入——捐赠收入”科目。接受捐赠固定资产、无形资产等非流动资产，不通过本科目核算。

现金盘盈收入。每日现金账款核对中如发现现金溢余，属于无法查明原因的部分，借记“库存现金”科目，贷记“其他收入——现金盘盈收入”科目。

存货盘盈收入。盘盈的存货，按照确定的入账价值，借记“存货”科目，贷记“其他收入——存货盘盈收入”科目。

收回已核销应收及预付款项。已核销应收账款、预付账款、其他应收款在以后期间收回的，按照实际收回的金额，借记“银行存款”等科目，贷记“其他收入——收回已核销款项”科目。

无法偿付的应付及预收款项。无法偿付或债权人豁免偿还的应付账款、预收账款、其他应付款及长期应付款，借记”“预收账款”“其他应付款”“长期应付款”等科目，贷记“其他收入——无法偿付的款项”科目。

期末结转。期末，将本科目本期发生额中的专项资金收入结转入非财政补助结转，借记“其他收入”科目下各专项资金收入明细科目，贷记“非财政补助结转”科目；将本科目本期发生额中的非专项资金收入结转入事业结余，借记“其他收入”科目下各非专项资金收入明细科目，贷记“事业结余”科目。

二、事业单位支出核算

（一）事业单位支出的认知

支出，是指事业单位为开展业务及其他活动所发生的资金耗费和损失。事业单位的支出是事业单位为保障机构正常运转和完成工作任务所发生的资金耗费和损失。

1. 事业单位支出的类型

事业单位的支出包括事业支出、对附属单位补助支出、上缴上级支出、经营支出和其他支出。事业单位的支出应当分类管理，按不同类型进行会计核算。

（1）按支出发生环节的不同，事业单位的支出可以分为业务活动支出和其他活动支出。业务活动支出是事业单位开展专业业务活动、经营业务活动及其相关辅助活动时发生的支出，包括事业支出和经营支出。其他活动支出是事业单位业务活动支出以外的各项支出，主要包括对附属单位补助支出、上缴上级支出和其他支出。

（2）按照资金性质，事业单位的支出可以分为财政补助支出和非财政补助支出。财政补助支出是事业单位用财政补助收入安排的各项支出，主要发生在事业单位的事业支出中。非财政补助支出是事业单位用财政补助收入以外的资金安排的支出，包括用事业收入、上级补助收入、附属单位上缴收入、经营收入和其他收入等安排的支出。对附属单位补助支出、上缴上级支出、经营支出和其他支出属于非财政补助支出。

（3）按支出资金的限定性要求，事业单位的支出可以分为限定性支出和非限定性支出。限定性支出是用限定性收入安排的支出，非限定性支出是用非限定性收入安排的支出。财政补助支出一般区分为基本支出和项目支出，非财政补助支出一般区分为专项资金支出和非专项资金支出。

2. 事业单位支出的确认与计量

事业单位的支出可以表现为经济利益的流出或者服务潜力的总流出，导致本期净资产的减少。支出一般在经济利益或者服务潜力很可能流出从而导致事业单位资产减少或者负债增加，并且当经济利益或者服务潜力的流出额能够可靠计量时予以确认。

在收付实现制基础上，事业单位的支出应当在其实际支付时予以确认，并按照实际支出金额计量。此时，经济利益或者服务潜力已经流出事业单位，并且导致事业单位资产减少或者负债增加。事业单位的事业业务支出、其他活动支出一般按收付实现制基础确认。

在权责发生制基础上，事业单位的支出应当在其发生时予以确认，按照实际发生额进行计量。此时，经济利益或者服务潜力很可能流出事业单位，并且能够导致事业单位资产减少或者负债增加。事业单位的经营业务支出应当以权责发生制为确认基础，与经营收入相配比。事业单位的经营支出以外的各项支出如果采用权责发生制基础确认，应当符合会计制度的规定。

（二）事业单位支出的项目核算

1. 事业支出核算

（1）事业支出，是事业单位开展专业业务活动及其辅助活动发生的支出。事业支出是事业单位对包括财政补助收入、上级补助收入、事业收入、经营收入、附属单位上缴收入和其他收入等各种收入来源综合安排使用的结果，是事业单位支出的主要内容。

事业单位是提供各种社会服务的公益性组织，在提供专业业务活动及其辅助活动时，必然会发生一定的耗费，形成事业支出，事业单位活动的领域不同，事业支出的内容也不一样。事业单位应当在保证专业业务活动所需支出的前提下，尽可能减少事业支出，以提高资金使用效益。

（2）事业支出分类。为加强事业支出的管理与核算，根据财政部门的要求，事业单位需要对事业支出进行适当的分类。

按部门预算管理要求，事业支出可以分为基本支出和项目支出。①基本支出是指事业单位为了保障其正常运转、完成日常工作任务而发生的支出，包括人员经费支出和日常公用经费支出。其中，人员经费支出是指为了开展专业活动的需要用于个人方面的开支，如基本工资、津贴补贴及奖金、社会保障缴费、离休费、退休费、助学金、医疗费、住房补贴等。日常公用经费支出是指为了完成事业活动，用于公共服务方面的开支，包括办公费、印刷费、咨询费、水电费、邮电费、物业管理费、差旅费等。②项目支出是指事业单位为了完成特定工作任务和事业发展目标，在基本支出之外所发生的支出。项目支出具有专项性、独立性和完整性的特点。

按资金类型，事业支出可分为财政补助支出、非财政专项资金支出和其他资金支出。该支出应当专款专用、单独核算，并按照规定向财政部门或者主管部门报送专项资金使用情况。其他资金支出，是事业单位使用除了财政补助收入和非财政专项资金以外的资金安排的事业支出，该支出为事业支出中的非财政非专项资金支出。

按政府收支分类科目要求分类，事业支出可按功能分类和支出经济用途分类。①事业支出按财政预算支出的功能分类，主要反映政府的职能，设置类、款、项三级预算科目，事业支出需要按照其中的“项级”科目设置明细科目，进行明细核算。②事业支出按经济分类，主要反映政府支出的经济性质和具体用途，经济分类设类、款两级预算科目，按照其中的“款级”科目进行明细核算。

(3) 科目设置。事业单位设置“事业支出”科目核算事业单位开展专业业务活动及其辅助活动发生的基本支出和项目支出。本科目应当按照“基本支出”和“项目支出”“财政补助支出”“非财政专项资金支出”和“其他资金支出”等层级进行明细核算，并按照《政府收支分类科目》中“支出功能分类”相关科目进行明细核算；“基本支出”和“项目支出”明细科目下应当按照《政府收支分类科目》中“支出经济分类”的款级科目进行明细核算；同时在“项目支出”明细科目下按照具体项目进行明细核算。按照部门预算管理的要求设置第一层次的明细科目，以下再接其他层次的明细科目，按照事业支出的资金性质设置第一层次的明细科目，以下再接其他层次的明细科目，事业单位应根据本单位事业支出的具体情况和相关要求选择明细科目的设置方式。

(4) 账务处理。事业支出以收付实现制作为核算基础，按实际发生的数额计量。

第一日常事业支出业务（表 3 － 1）。

表 3 － 1　日常事业支出业务

计提应付薪酬	为从事专业业务活动及其辅助活动人员计提的薪酬等，借记“事业支出”科目，贷记“应付职工薪酬”等科目
领用存货	开展专业业务活动及其辅助活动领用的存货，按领用存货的实际成本，借记“事业支出”科目，贷记“存货”科目
其他支出	开展专业业务活动及其辅助活动中发生的其他各项支出，借记“库存现金”“银行存款”“零余额账户用款额度”“财政补助收入”等科目
购入固定资产等非流动资产时	如果购入事业用固定资产、无形资产、在建工程（需要安装的设备等）等时，在购入并支付价款时确认事业支出，同时确认相关资产。借记“事业支出”科目，贷记“库存现金”“银行存款”“零余额账户用款额度”“财政补助收入”等科目，同时借记“固定资产、无形资产、在建工程（需要安装）”等科目，贷记“非流动资产基金——固定资产、无形资产、在建工程”科目
计提修购基金	从事业收入中计提修购基金，在计提时确认事业支出，借记“事业支出”科目，贷记“专用基金——修购基金”科目

期末结转。期末，将本科目（财政补助支出）本期发生额结转入“财政补助结转”科目，借记“财政补助结转——基本支出结转、项目支出结转”科目，贷记“事业支出”科目（财政补助支出——基本支出、项目支出）或“事业支出”科目（基本支出一财政补助支出、项目支出——财政补助支出）；将本科目（非财政专项资金支出）本期发生额结转入“非财政补助结转”科目，借记“非财政补助结转”科目，贷记“事业支出”科目（非财政专项资金支出）或“事业支出”科目（项目支出——非财政专项资金支出）；将本科目（其他资金支出）本期发生额结转入“事业结余”科目，借记“事业结余”科目，贷记“事业支出”科目（其他资金支出）或“事业支出”科目（基本支出——其他资金支出、项目支出——其他资金支出）。

2. 经营支出核算

（1）经营支出，是指事业单位在专业业务活动及辅助活动之外开展非独立核算经营活动发生的支出。事业单位的主要业务是专业业务活动及辅助活动，为弥补事业单位经费的不足，更好地开展公益性服务活动，事业单位也可以开展经营活动。事业单位的经营支出与经营收入应当配比。经营支出属于事业单位的非财政非专项资金支出。

事业单位虽然主要是提供公益性服务的单位，但也应该加强经济核算，可根据开展业务活动及其他活动的实际需要，实行内部成本核算。事业单位的经营业务，可以实行内部成本核算，也可以不实行内部成本核算，具体如下：

对于不实行内部成本核算的经营业务，发生的所有业务支出都通过“经营支出”科目核算，包括材料费用、人工费用及相关税费。

对于实行内部成本核算的经营业务，应当对发生的业务费用进行归集、分配，准确计算产品的生产成本，在结转已销存货实际成本时确认经营支出。即如果事业单位的生产、加工经营业务实行内部成本核算，则经营支出为已销产品的实际成本。

（2）科目设置。事业单位设置“经营支出”科目，核算事业单位在专业业务活动及其辅助活动之外开展非独立核算经营活动发生的支出。经营支出应当与经营收入配比，以便考核经营业务的经济效益。本科目应当按照经营活动类别、项目、《政府收支分类科目》中“支出功能分类”相关科目等进行明细核算。期末结账后，本科目应无余额。

（3）账务处理。经营支出以权责发生制作为核算基础，按实际支出数额或实际发生数额进行计量。

不实行内部成本核算。如果事业单位的经营业务不实行内部成本核算，经营支出在发生时按实际发生数额确认。为在专业业务活动及其辅助活动之外开展非独立核算经营活动人员计提的薪酬等，借记“经营支出”科目，贷记“应付职工薪酬”等科目。经营活动领用、发出存货，按领用、发出存货的实际成本，借记“经营支出”科目，贷记“存货”科目。经营活动中发生的其他各项支出，借记“经营支出”科目，贷记“库存现金”“银行存款”“应缴税费”等科目。

实行内部成本核算。如果事业单位的生产、加工经营业务实行内部成本核算，需要通过“存货——生产成本”等科目归集生产费用，计算产品生产成本，在结转已销存货实际成本时确认经营支出。生产成本的核算分两个环节：一是成本费用的归集与分配，将发生的各项费用计入相应的成本对象中，借记“生产成本”科目，贷记“存货——领用的某种材料”“应付职工薪酬”“库存现金”“银行存款”等科目。如果经营活动中存在一个车间生产两种产品以上，发生的间接费用先要在“存货”科目下的相关明细科目中归集，然后再按有关标准进行分摊，以便正确计算各种产品的生产成本。二是完工产品成本的结转，将成本费用转入相应的产品成本中。借记“存货——完工的某种产品”科目，贷记“存货——生产成本”科目。产品销售后，结转已销产品的成本，按照已销产品的实际生产成本，借记“存货——销售的某种产品”等科目。

期末结转。期末，将本科目本期发生额转入经营结余，借记“经营结余”科目，贷记

“经营支出”科目。

3. 上缴上级支出核算

（1）上缴上级支出，是指事业单位按照财政部门和主管部门的规定上缴上级单位的支出。有上缴上级支出的事业单位是实行独立核算并附属于上级单位的事业单位。本单位的上缴上级支出和上级单位的附属单位上缴收入相对应。上缴上级支出属于事业单位的非财政非专项资金支出。

根据本单位与上级单位之间的体制安排，事业单位取得的各项收入应当按规定标准或比例上缴上级单位，形成事业单位的上缴上级支出，事业单位需要上缴上级单位的款项通常是事业单位的事业收入、经营收入和其他收入。

（2）科目设置。事业单位设置“上缴上级支出”科目，核算事业单位按照财政部门和主管部门的规定上缴上级单位的支出。本科目应当按照收缴款项单位、缴款项目、《政府收支分类科目》中“支出功能分类”相关科目等进行明细核算。期末结账后，本科目应无余额。

（3）账务处理。上缴上级支出以收付实现制作为核算基础，按实际上缴的数额计量。

上缴款项。按规定将款项上缴上级单位的，按照实际上缴的金额，借记“上缴上级支出”科目，贷记“银行存款”等科目。

期末结转。期末，将本科目本期发生额转入事业结余，借记“事业结余”科目，贷记“上缴上级支出”科目。

4. 对附属单位补助支出核算

（1）对附属单位补助支出，是指事业单位用财政补助收入之外的收入对附属单位补助所发生的支出，附属单位是指实行独立核算的下级单位。本单位对附属单位补助支出与下级单位的上级补助收入相对应。对附属单位补助支出属于事业单位的非财政非专项资金支出。

事业单位作为上级单位，可以使用自有资金对下属单位进行各项补助，支持所属单位事业的发展。事业单位可以使用事业收入、经营收入和其他收入等非财政性资金对附属单位给予补助，不能用财政补助收入对附属单位进行补助。

（2）科目设置。事业单位设置“对附属单位补助支出”科目，核算事业单位用财政补助收入之外的收入对附属单位补助发生的支出。本科目应当按照接受补助单位、补助项目、《政府收支分类科目》中“支出功能分类”相关科目等进行明细核算。期末结账后，本科目应无余额。

（3）账务处理。对附属单位补助支出以收付实现制作为核算基础，按实际补助的数额计量。发生对附属单位补助支出的，按照实际支出的金额，借记“对附属单位补助支出”科目，贷记“银行存款”等科目。期末，将本科目本期发生额转入事业结余，借记“事业结余”科目，贷记“对附属单位补助支出”科目。

5. 其他支出核算

（1）其他支出，是指事业单位除事业支出、经营支出、上缴上级支出、对附属单位补助支出以外的各项支出。其他支出属于非财政性资金支出，主要包括利息支出、捐赠支出、现金盘亏损失、资产处置损失、接受捐赠（调入）非流动资产发生的税费支出等。

按照支出的使用要求，其他支出分为专项资金支出和非专项资金支出，专项资金支出是用其他收入中的专项资金收入安排的支出；非专项资金支出是用其他收入中的非专项资金收入安排的支出。

（2）科目设置。事业单位设置“其他支出”科目，核算事业单位除事业支出、上缴上级支出、对附属单位补助支出、经营支出以外的各项支出。本科目应当按照其他支出的类别、《政府收支分类科目》中“支出功能分类”相关科目等进行明细核算。其他支出中如有专项资金支出，还应按具体项目进行明细核算。期末结账后，本科目应无余额。

（3）账务处理。其他支出以收付实现制作为核算基础，按实际发生数额计量。

利息支出。支付银行借款（包括短期借款和长期借款）利息时，借记“其他支出”科目，贷记“银行存款”科目。为购建固定资产（未完工时“在建工程”）、无形资产支付的专门借款利息，属于工程项目建设期间支付的，在确认利息支出的同时，还要将其计入工程成本，即利息资本化。

捐赠支出。“其他支出”科目，贷记“银行存款”等科目；对外捐出存货，借记“其他支出”科目，贷记“待处置资产损溢”科目。事业单位对外捐赠货币资金、存货等流动资产，都通过“其他支出”科目核算；对外捐赠固定资产、无形资产等非流动资产，不通过本科目核算，应当冲减其对应的非流动资产基金。

现金盘亏损失。每日现金账款核对中如发现现金短缺，属于无法查明原因的部分，报经批准后，借记“其他支出”科目，贷记“库存现金”科目。

资产处置损失。报经批准核销应收及预付款项、处置存货，借记“其他支出”科目，贷记“待处置资产损溢”科目。

接受捐赠（调入）非流动资产发生的税费支出。接受捐赠、无偿调入非流动资产发生的相关税费、运输费等，借记“其他支出”科目，贷记“银行存款”等科目。以固定资产、无形资产取得长期股权投资，所发生的相关税费计入本科目。具体账务处理参见“长期投资”科目。

期末结转。期末，将本科目本期发生额中的专项资金支出结转入非财政补助结转，借记“非财政补助结转”科目，贷记“其他支出”科目下各专项资金支出明细科目；将本科目本期发生额中的非专项资金支出结转入事业结余，借记“事业结余”科目，贷记“其他支出”科目下各非专项资金支出明细科目。

第三节　事业单位负债的核算

一、事业单位负债的认知

“负债，是指事业单位所承担的能以货币计量，需要以资产或者劳务偿还的债务。事业单位的负债包括借入款项、应付款项、暂存款项、应缴款项等。”（张雪芬、倪丹悦，2018）

（一）事业单位负债的基本特征

（1）负债要求能够以货币形式可靠计量，以资产或劳务偿还。

（2）负债是由过去的经济业务或者会计事项形成的现时义务，履行该义务预期会导致事业单位经济利益或服务潜力的流出。

（3）针对不同性质的负债应分类管理，及时清理并按照规定办理结算，保证各项负债在规定期限内归还。

（二）事业单位负债的主要内容

事业单位的负债按照流动性（偿还期限），可以分为流动负债和非流动负债。流动负债是指预计在1年内(含1年)偿还的负债。事业单位流动负债包括短期借款、应缴款项、应付及预收款项等。非流动负债是指流动负债以外的负债。事业单位的非流动负债包括长期借款和长期应付款。

事业单位的负债具体科目为：① 2001，短期借款；② 2101，应缴税费；③ 2102，应缴国库款；④ 2103，应缴财政专户款；⑤ 2201，应付职工薪酬；⑥ 2301，应付票据；⑦ 2302，应付账款；⑧ 2303，预收账款；⑨ 2305，其他应付款；⑩ 2401，长期借款；⑪ 2402，长期应付款。

（三）事业单位负债的确认与计量

事业单位的负债包括从金融机构取得的借款以及在开展业务活动过程中发生的待结算债务款项。事业单位代行政府职能收取的纳入预算管理的款项以及按规定收取的纳入财政专户管理的款项，应当上缴国库或财政专户，在应缴未缴之前也形成一项负债，一般而言，负债只有在与该义务有关的经济利益或服务潜力很可能流出单位，且未来流出的经济利益或服务潜力的金额能够可靠地计量时才能予以确认。

事业单位的负债应当按照合同金额或实际发生额进行计量。事业单位有些负债的金额是根据相关合同确定的，如采购货物的应付账款等；有些负债是根据实际发生的金额确定的，如各种应缴款项等。

二、事业单位流动负债核算

“流动资产是指可以在 1 年内变现或者耗用的资产，包括现金、银行存款、零余额账户用款额度、财政应返还额度、暂付款、库存材料等。”（刘学华，2012）

（一）短期借款核算

借款是事业单位借入有偿使用的各种款项。短期借款，是指事业单位借入的期限在 1 年内（含 1 年）的各种借款。事业单位根据业务活动的需要，从银行或其他金融机构取得短期借款，以弥补事业经费的不足。短期借款是事业单位有偿使用的资金，需要按期偿还借款并支付借款利息。根据《事业单位财务规则》的规定，事业单位应当建立健全财务风险控制机制，规范和加强借入款项管理，严格执行审批程序，不得违反规定举借债务。

1. 科目设置

事业单位设置“短期借款”科目，核算事业单位借入的期限在 1 年内（含 1 年）的各种借款。本科目应当按照贷款单位和贷款种类进行明细核算。本科目期末贷方余额，反映事业单位尚未偿还的短期借款本金。

2. 账务处理

（1）取得短期借款。借入各种短期借款时，按照实际借入的金额，借记“银行存款”科目，贷记“短期借款”科目。银行承兑汇票到期，本单位无力支付票款的，按照银行承兑汇票的票面金额，借记“应付票据”科目，贷记“短期借款”科目。

（2）支付借款利息。支付短期借款利息时，借记“其他支出”科目，贷记“银行存款”科目。

（3）到期归还。归还短期借款时，借记“短期借款”科目，贷记“银行存款”科目。

（二）应缴税费核算

应缴税费，是事业单位在业务活动中按规定应缴纳的各种税费，包括营业税、增值税、城市维护建设税、教育费附加、车船税、房产税、城镇土地使用税、企业所得税等。事业单位作为一类社会组织，应当按照税法的规定履行纳税义务。但事业单位作为公益性社会组织，享受较多的免税、减税等优惠政策。

1. 科目设置

事业单位设置“应缴税费”科目，核算事业单位按照税法等规定计算应缴纳的各种税费，包括营业税、增值税、城市维护建设税、教育费附加、车船税、房产税、城镇土地使用税、企业所得税等事业单位代扣代缴的个人所得税，也通过本科目核算。事业单位应缴纳的印花税不需要预提应缴税费，直接通过支出等有关科目核算，不在本科目核算。本科目应当按照应缴纳的税费种类进行明细核算。属于增值税一般纳税人的事业单位，其应缴增值税明细账中应设置“进项税额”“已交税金”“销项税额”“进项税额转出”等专栏。本科目期末借方余额，反映事业单位多缴纳的税费金额；本科目期末贷方余额，反映事业单位应缴未缴的税费金额。

2. 账务处理

（1）增值税。增值税是对销售货物的单位和个人，按其实现的增值额征收的一种税。增值税的纳税人按其经营规模大小以及会计核算是否健全划分为一般纳税人和小规模纳税人。按照《增值税暂行条例》规定，一般纳税人实行凭增值税专用发票扣税的计征方法，对小规模纳税人则实行按征收率计算应纳税额的简易办法，并不得抵扣进项税额。

属于增值税一般纳税人的事业单位。①购入非自用材料时，按确定的成本（不含增值税进项税额），借记“存货”科目，按增值税专用发票上注明的增值税额，借记“应缴税费——应缴增值税（进项税额）”科目，按实际支付或应付的金额，贷记“银行存款”“应付账款”等科目。所购进的非自用材料发生盘亏、毁损、报废、对外捐赠、无偿调出等税法规定不得从增值税销项税额中抵扣进项税额时，将所购进的非自用材料转入待处置资产时，按照材料的账面余额与相关增值税进项税额转出金额的合计金额，借记“待处置资产损溢”科目，按材料的账面余额，贷记“存货”科目，按转出的增值税进项税额，贷记“应缴税费——应缴增值税（进项税额转出）”科目。②销售应税产品或提供应税服务时，按包含增值税的价款总额，借记“银行存款”“应收账款”“应收票据”等科目，按扣除增值税销项税额后的价款金额，贷记“经营收入”等科目，按增值税专用发票上注明的增值税金额，贷记“应缴税费——应缴增值税（销项税额）”科目。③实际缴纳增值税时，借记“应缴税费——应缴增值税（已缴税金）”科目，贷记“银行存款”科目。

属于增值税小规模纳税人的事业单位。销售应税产品或提供应税服务时，按实际收到或应收的价款，借记“银行存款”“应收账款”“应收票据”等科目，按实际收到或应收价款扣除增值税额后的金额，贷记“经营收入”等科目，按应缴增值税金额，贷记“应缴税费——应缴增值税”科目。实际缴纳增值税时，借记“应缴税费——应缴增值税”科目，贷记“银行存款”科目。

（2）营业税、城市维护建设税、教育费附加。发生营业税、城市维护建设税、教育费附加纳税义务的，按税法规定计算的应缴税费金额，借记“待处置资产损溢——处置净收入”科目（出售不动产应缴的税费）或有关支出科目，贷记“应缴税费”科目。实际缴纳时，借记“应缴税费”科目，贷记“银行存款”科目。

(3) 房产税、城镇土地使用税、车船税。发生房产税、城镇土地使用税、车船税纳税义务的，按税法规定计算的应缴税金数额，借记有关科目，贷记“应缴税费——应缴房产税”等科目。实际缴纳时，借记“应缴税费——应缴房产税”等科目，贷记“银行存款”科目。

(4) 个人所得税。代扣代缴个人所得税的，按税法规定计算应代扣代缴的个人所得税金额，借记“应付职工薪酬”科目，贷记“应缴税费——应缴个人所得税”科目。实际缴纳时，借记“应缴税费——应缴个人所得税”科目，贷记“银行存款”科目。

(5) 企业所得税。发生企业所得税纳税义务的，按税法规定计算的应缴税金额数，借记“非财政补助结余分配”科目，贷记“应缴税费——应缴企业所得税”科目。实际缴纳时，借记“应缴税费——应缴企业所得税”科目，贷记“银行存款”科目。

(6) 其他纳税义务。发生其他纳税义务的，按照应缴纳的税费金额，借记有关科目，贷记“应缴税费”科目；实际缴纳时，借记“应缴税费”科目，贷记“银行存款”等科目。

（三）应缴国库款核算

1. 应缴国库款的内容

应缴国库款，是指事业单位在业务活动中按规定取得的应缴入国库的款项（应缴税费除外），主要包括纳入预算管理的政府性基金、行政事业性收费、罚没收入、国有资产处置净收入、国有资产出租收入等。

(1) 政府性基金。政府性基金是指事业单位按照国家法律法规规定向公民、法人和其他组织征收的具有专项用途的财政资金，如政府住房基金收入。

(2) 行政事业性收费。行政事业性收费是事业单位根据国家法律法规行使其管理职能，向公民、法人和其他组织收取的各项收费收入，包括管理性、资源性收费和证照性收费，如工本费、登记费等。

(3) 罚没收入。罚没收入是事业单位依法收缴的罚款（罚金）、没收款、赃款、没收物资、赃物的收入。

(4) 国有资产处置净收入。国有资产处置净收入是指事业单位国有资产产权的转移或核销所产生的净收入，包括国有资产在出售、出让、置换、报废、毁损等过程中取得的净收入。

(5) 国有资产出租收入。国有资产出租收入是指事业单位在保证完成正常工作的前提下，经审批同意，出租、出借国有资产所取得的收入。

事业单位大都是由国家出资举办的，具有一些特殊的职能，在为社会提供各种公益性服务的同时，还需要办理政府交办的一些事务，代行政府职能。事业单位代行政府职能收取的纳入财政预算管理的款项，应当及时上缴国库。对于应缴国库款项，事业单位不得缓缴、截留、挪用或自行坐支，年终必须将当年的应缴国库款项全部清缴入库。

2. 科目设置

事业单位设置“应缴国库款”科目，核算事业单位按规定应缴入国库的款项（应缴税费除外），本科目应当按照应缴国库的各款项类别进行明细核算。本科目期末贷方余额，反映事业单位应缴入国库但尚未缴纳的款项。

3. 账务处理

按照国库集中收缴制度的规定，事业单位应缴入国库的款项，根据具体情况分别采用直接缴库和集中汇缴两种方式。

（1）直接缴库。直接缴库方式下，缴款人应将应缴款项直接缴入国库账户，事业单位只负责征收管理，款项并不通过事业单位的过渡账户汇集。在这种情况下，应缴国库款的核算可以简化，根据开出的“非税收入缴款书”，在“应缴国库款备查登记簿”中进行登记，或者同时借记和贷记“应缴国库款”科目，以反映预算资金的收缴情况。

（2）集中汇缴。集中汇缴方式下，应缴国库款的核算包括收取应上缴国库的款项和上缴款项两个业务环节。按规定计算确定或实际取得应缴国库的款项时，借记有关科目，贷记“应缴国库款”科目。上缴款项时，借记“应缴国库款”科目，贷记“银行存款”等科目。事业单位处置资产取得的应上缴国库的处置净收入的账务处理。

（四）应缴财政专户款核算

应缴财政专户款，是指事业单位按规定取得的应缴入财政专户的款项。应缴入财政专户的款项主要是事业单位按规定收取的尚未纳入预算管理但实行财政专户管理的教育收费。事业单位取得的纳入财政专户管理的资金，由财政部门建立的财政专户统一管理，实行“收支两条线”管理方式。收到各项收费后，必须上缴财政专户统一管理；使用这些资金时，向财政部门申请，经过审批后通过财政专户返还给事业单位。

按照国库集中收缴制度的规定，事业单位应缴入财政专户的款项，根据具体情况分别采用直接缴库和集中汇缴两种方式。

1. 科目设置

事业单位设置“应缴财政专户款”科目，核算事业单位按规定应缴入财政专户的款项。本科目应当按照应缴财政专户的各款项类别进行明细核算，本科目期末贷方余额，反映事业单位应缴入财政专户但尚未缴纳的款项。

2. 账务处理

（1）直接缴库。直接缴库方式下，缴款人将应缴财政专户款直接缴入财政专户，款项不再通过事业单位的过渡账户汇集，事业单位只负责征收管理。在这种情况下，应缴财政专户款的核算可以简化，事业单位根据开出的“非税收入一般缴款书”在“应缴财政专户款备查登记簿”中进行登记，或者同时借记和贷记“应缴财政专户款”科目，以反映财政专户管理资金的收缴情况。

(2) 集中汇缴。集中汇缴方式下，取得应缴财政专户款项时，借记“银行存款”等科目，贷记“应缴财政专户款”科目。上缴款项时，借记“应缴财政专户款”科目，贷记“银行存款”等科目。收到返还款项时，借记“银行存款”“零余额账户用款额度”等科目，贷记“事业收入”科目。

(3) 返还款项。收到财政专户返还的教育收费或其他款项时，按收到的金额确认事业收入，借记“银行存款”等科目，贷记“事业收入”科目。

（五）应付职工薪酬核算

应付职工薪酬，是事业单位按有关规定应付给职工及为职工支付的各种薪酬，包括基本工资、绩效工资、国家统一规定的津贴补贴、社会保险费、住房公积金等。

1. 科目设置

事业单位设置“应付职工薪酬”科目，核算事业单位按有关规定应付给职工及为职工支付的各种薪酬，包括基本工资、绩效工资、国家统一规定的津贴补贴、社会保险费、住房公积金等。本科目应当根据国家有关规定按照“工资（离退休费)”“地方（部门）津贴补贴”“其他个人收入”以及“社会保险费”“住房公积金”等进行明细核算。本科目期末贷方余额，反映事业单位应付未付的职工薪酬。

(1) 工资（离退休费)，包括工资和离退休费。工资是事业单位按国家统一规定，应发放给在职人员的岗位工资、薪级工资、绩效工资，以及经国务院或人事部、财政部批准设立的津贴补贴。离退休费是指按国家统一规定，应发放给离退休人员的离休、退休费及经国务院或人事部、财政部批准设立的津贴补贴。

(2) 地方（部门）津贴补贴，是事业单位按照地方或部门出台的规定，发放给职工的津贴补贴。津贴是因职工特殊或额外劳动而给予的补助，补贴是为了保证职工工资水平不受物价影响而给予的补助。

(3) 其他个人收入，是按国家规定发放给个人除上述以外的其他收入，主要包括误餐费、夜餐费、伙食补助费、市内交通费等。

(4) 社会保险费，是指事业单位按规定为职工缴纳并缴存社会保险管理机构的基本养老、基本医疗、失业、工伤、生育等社会保险费。

(5) 住房公积金，是指事业单位按规定为职工缴纳并缴存住房公积金管理机构的长期住房公积金。

2. 账务处理

(1) 计提职工薪酬。事业单位计提当期应付职工薪酬，借记“事业支出”“经营支出”等科目，贷记“应付职工薪酬”科目。

(2) 支付职工薪酬。事业单位向职工支付工资、津贴补贴等薪酬，借记“应付职工薪酬”科目，贷记“财政补助收入”“零余额账户用款额度”“银行存款”等科目。

(3) 代扣代缴个人所得税。事业单位按税法规定代扣代缴个人所得税，借记“应付职工薪酬”科目，贷记“应缴税费——应缴个人所得税”科目。实际代缴时，借记“应缴税费——应缴个人所得税”科目，贷记“银行存款”等科目。

(4) 缴纳社会保险费和住房公积金。事业单位按照国家有关规定缴纳职工社会保险费和住房公积金，借记“应付职工薪酬”科目，贷记“财政补助收入”“零余额账户用款额度”“银行存款”等科目。

(5) 支付其他款项。事业单位从应付职工薪酬中支付其他款项，借记“应付职工薪酬”科目，贷记“财政补助收入”“零余额账户用款额度”“银行存款”等科目。

（六）应付票据核算

应付票据，是事业单位因购买材料、物资等而开出、承兑的商业汇票，包括银行承兑汇票和商业承兑汇票，按是否带息，可以分为带息商业汇票和不带息商业汇票。事业单位在开展经营业务活动或其他业务活动时，可以开出商业汇票与货物供应商、劳务提供单位进行结算。

1. 科目设置

事业单位设置“应付票据”科目，核算事业单位因购买材料、物资等而开出、承兑的商业汇票。本科目应当按照债权单位进行明细核算。事业单位应当设置“应付票据备查簿”，详细登记每一应付票据的种类、号数、出票日期、到期日、票面金额、交易合同号、收款人姓名或单位名称，以及付款日期和金额等资料。应付票据到期结清票款后，应当在备查簿内逐笔注销。本科目期末贷方余额，反映事业单位开出、承兑的尚未到期的商业汇票票面金额。

2. 账务处理

(1) 开出、承兑商业汇票时，借记“存货”等科目，贷记“应付票据”科目。以承兑商业汇票抵付应付账款时，借记“应付账款”科目，贷记“应付票据”科目。支付银行承兑汇票的手续费时，借记“事业支出”“经营支出”等科目，贷记“银行存款”等科目。

(2) 商业汇票到期时，应当分别按以下情况处理：

收到银行支付到期票据的付款通知时，借记“应付票据”科目，贷记“银行存款”科目。

银行承兑汇票到期，本单位无力支付票款的，按照汇票票面金额，借记“应付票据”科目，贷记“短期借款”科目。

商业承兑汇票到期，本单位无力支付票款的，按照汇票票面金额，借记“应付票据”科目，贷记“应付账款”科目。

（七）应付账款核算

应付账款，是事业单位因购买材料、物资或接受劳务供应等而应付给供应单位的款项。事业单位在业务活动中，可以先取得材料或享有服务，延迟一段时间后再付款。

1. 科目设置

事业单位设置“应付账款”科目，核算事业单位因购买材料、物资等而应付的款项。本科目应当按照债权单位（或个人）进行明细核算。本科目期末贷方余额，反映事业单位尚未支付的应付账款。

事业单位以分期付款方式购买固定资产，如果偿付期限超过 1 年，不通过“应付账款”科目核算，而是通过“长期应付款”科目核算。

2. 账务处理

（1）发生应付账款。购入材料、物资等已验收入库但货款尚未支付的，按照应付未付金额，借记“存货”等科目，贷记“应付账款”科目。

（2）偿付应付账款。偿付应付账款时，按照实际支付的款项金额，借记“应付账款”科目，贷记“银行存款”等科目。开出、承兑商业汇票抵付应付账款，借记“应付账款”科目，贷记“应付票据”科目。

（3）无法偿付或债权人豁免偿还。无法偿付或债权人豁免偿还的应付账款，借记“应付账款”科目，贷记“其他收入”科目。

（八）预收账款核算

预收账款，是指事业单位按照合同规定向购货单位预收的款项。

1. 科目设置

事业单位设置“预收账款”科目，核算事业单位按合同规定预收的款项。本科目应当按照债权单位（或个人）进行明细核算，本科目期末贷方余额，反映事业单位按合同规定预收但尚未实际结算的款项。

2. 账务处理

（1）预收款项。从付款方预收款项时，按照实际预收的金额，借记“银行存款”等科目，贷记“预收账款”科目。

（2）确认收入。确认有关收入时，借记“预收账款”科目，按照应确认的收入金额，贷记“经营收入”等科目，按照付款方补付或退回付款方的金额，借记或贷记“银行存款”等科目。

(3) 无法偿付或债权人豁免偿还。无法偿付或债权人豁免偿还的预收账款，借记“预收账款”科目，贷记“其他收入”科目。

三、事业单位非流动负债核算

非流动负债是指流动负债以外的负债。事业单位的非流动负债包括长期借款、长期应付款。

（一）长期借款核算

长期借款，是事业单位借入的偿还期限超过 1 年（不含 1 年）的各项借款。事业单位通过长期借款筹集到的资金，一般用于事业单位扩大事业发展规模、购建固定资产、开展工程项目等。

1. 科目设置

事业单位设置“长期借款”科目，核算事业单位借入的期限超过 1 年（不含 1 年）的各种借款。本科目应当按照贷款单位和贷款种类进行明细核算。对于基建项目借款，还应按具体项目进行明细核算。本科目期末贷方余额，反映事业单位尚未偿还的长期借款本金。

2. 账务处理

(1) 取得长期借款。借入各项长期借款时，按照实际借入的金额，借记“银行存款”科目，贷记“长期借款”科目。

(2) 长期借款利息。事业单位支付的长期借款的利息，需要区分以下不同的情况处理：

为购建固定资产支付的专门借款利息，属于工程项目建设期间支付的，计入工程成本，按照支付的利息，借记“在建工程”科目，贷记“非流动资产基金——在建工程”科目；同时，借记“其他支出”科目，贷记“银行存款”科目。

为购建固定资产支付的专门借款利息，属于工程项目完工交付使用后支付的，计入当期支出但不计入工程成本，按照支付的利息，借记“其他支出”科目，贷记“银行存款”科目。

工程项目以外的其他长期借款利息，按照支付的利息金额，借记“其他支出”科目，贷记“银行存款”科目。

(3) 归还长期借款。归还长期借款时，借记“长期借款”科目，贷记“银行存款”科目。

（二）长期应付款核算

长期应付款，是指事业单位发生的偿还期限超过 1 年（不含 1 年）的应付款项，如以融资租赁租入固定资产的租赁费、跨年度分期付款购入固定资产的价款等。

1. 科目设置

事业单位设置“长期应付款”科目，核算事业单位发生的偿还期限超过1年(不含1年)的应付款项。本科目应当按照长期应付款的类别以及债权单位（或个人）进行明细核算。本科目期末贷方余额，反映事业单位尚未支付的长期应付款。

2. 账务处理

（1）发生长期应付款时，按照确定的成本借记“固定资产”“在建工程”等科目，按照租赁协议或者购买合同确定的价款贷记“长期应付款”科目，按照两者贷记“非流动资产基金”科目。同时记录购入相关资产时所支付的运输费、途中保险费、安装调试费等所形成的支出。

（2）支付长期应付款时，借记“事业支出”“经营支出”等科目，贷记“银行存款”等科目；同时，借记“长期应付款”科目，贷记“非流动资产基金”科目。

（3）无法偿付或债权人豁免偿还。无法偿付或债权人豁免偿还的长期应付款，借记“长期应付款”科目，贷记“其他收入”科目。

第四节　事业单位净资产的核算

一、事业单位净资产的认知

（一）事业单位净资产的主要内容

净资产，是指事业单位资产扣除负债后的余额，体现事业单位实际占有或使用的资产净值。国家拥有事业单位净资产的所有权，事业单位实际占有或使用净资产，事业单位处置各项净资产应当符合国家有关规定，要报经财政部门、上级主管单位的批准。事业单位可以按规定使用净资产，用于未来的事业发展或特定的使用方向。事业单位的净资产包括基金类净资产和结转结余类净资产两大类。

1. 基金类净资产

事业单位用于核算基金类净资产的会计科目包括事业基金、非流动资产基金和专用基金。

基金，是指一组具有专门的来源及规定用途的财务资源。基金需要设立才能存在，如果要求保证某项活动的资金需要，可以采用设立基金的方法，这样既可以充分地组织资金来源，又能够限定资金的使用。

事业单位的基金，是指事业单位按规定设置的有专门用途的净资产，主要包括事业基金、非流动资产基金和专用基金。按照是否存在使用限制，事业单位的基金可分为限定性基金和非限定性基金两种。非限定性基金没有限定的用途，不限制基金的使用时间或使用方向；限定性基金只能在规定的时间内使用，或是限定用于规定的使用方向。其中，事业基金属于非限定性基金；非流动资产基金和专用基金属于限定性基金。

2. 结转结余类净资产

事业单位用于核算结转结余类净资产的会计科目包括财政补助结转、财政补助结余、非财政补助结转、事业结余、经营结余和非财政补助结余分配。

结转结余，是指事业单位一定期间收入与支出相抵后的余额。事业单位在各项业务活动中会取得一定的收入，发生一定的支出，根据预算管理的要求，需要以预算收入的数额控制预算支出，达到一定期间的收支平衡。但收入与支出之间的平衡是相对的，事业单位的收入与支出会存在一定的差额，形成事业单位的结转结余。

按照后续使用要求不同，结转结余资金可分为结转资金和结余资金两大类。结转资金是指当年预算已执行但未完成，或者因故未执行，下一年度需要按照原用途继续使用的资金。结余资金是指当年预算工作目标已完成，或因故终止，当年剩余的资金。

事业单位的结转结余，按照资金性质或者资金来源的不同，可分为财政补助结转结余和非财政补助结转结余。

（1）财政补助结转结余。财政补助结转结余是指事业单位各项财政补助收入与其相关支出相抵后剩余滚存的、须按规定管理和使用的结转和结余资金，包括财政补助结转和财政补助结余。

财政补助结转，是指事业单位滚存的需要结转到下一年度按原用途继续使用的财政补助资金，包括基本支出结转和项目支出结转。

财政补助结余，是事业单位滚存的已完成项目剩余的财政补助资金，即事业单位已经完成项目的财政补助收入减去财政补助项目支出后的差额。

财政补助结转和财政补助结余的管理，应当按照同级财政部门的规定执行。

（2）非财政补助结转结余。非财政补助结转结余是指事业单位除财政补助收支以外的各项收入与各项支出相抵后的余额，包括非财政补助结转和非财政补助结余。

非财政补助结转，是指事业单位除财政补助收支以外的各专项资金收支相抵后剩余滚存的、须按规定用途使用的结转资金。非财政补助结转资金按照规定结转下一年度继续使用。

非财政补助结余，是指事业单位除财政补助收支以外的各非专项资金收支相抵后的余额，包括事业结余和经营结余。非财政补助结余可以按照国家有关规定缴纳企业所得税、提取职工福利基金，剩余部分作为事业基金用于弥补以后年度单位收支差额。

（二）事业单位净资产的确认与计量

净资产是事业单位某一时点的资产净额，净资产的确认依赖于资产、负债两个会计要素的确认。事业单位一般在会计期末进行收入、支出的结转，提取有关基金，确认本期所增加（或减少）的净资产。

事业单位期末净资产金额取决于资产和负债的计量结果，当含有经济利益或服务潜力的经济资源流入事业单位，使得事业单位的资产增加或负债减少，从而导致当期净资产的增加。相反，当含有经济利益或服务潜力的经济资源流出事业单位，使得事业单位的资产减少或负债增加，从而导致当期净资产的减少。因此，净资产的计量与本期收入、支出的数额密切相关。

二、事业单位净资产的项目核算

（一）财政补助结转核算

财政补助结转，是指事业单位滚存的需要结转到下一年度按原用途继续使用的财政补助资金，包括基本支出结转和项目支出结转。

基本支出结转，是指用于基本支出的财政补助收入减去财政补助基本支出后的差额，包括人员经费和日常公用经费。

项目支出结转，是指用于尚未完成项目的财政补助收入减去财政补助项目支出后的差额。项目支出结转主要包括：项目当年已执行但尚未完成而形成的结转资金；项目因故未执行，需要推迟到下年执行形成的结转资金；项目需要跨年度执行，但项目支出预算以一次性安排形成的结转资金。

基本支出结转和项目支出结转原则上均需结转至下年按原用途继续使用，相互之间不得挪用。事业单位形成的财政补助结转资金，应当按照财政部门的规定处理。

1. 科目设置

事业单位设置“财政补助结转”科目，核算事业单位滚存的财政补助结转资金。事业单位发生需要调整以前年度财政补助结转的事项，通过本科目核算。本科目应当设置“基本支出结转”“项目支出结转”两个明细科目，并在“基本支出结转”明细科目下按照“人员经费”“日常公用经费”进行明细核算，在“项目支出结转”明细科目下按照具体项目进行明细核算；本科目还应按照《政府收支分类科目》中“支出功能分类科目”的相关科目进行明细核算。本科目期末贷方余额，反映事业单位财政补助结转资金数额。

2. 账务处理

（1）期末，将财政补助收入本期发生额结转入本科目，借记“财政补助收入——基本支出、项目支出”科目，贷记“财政补助结转”科目（基本支出结转、项目支出结转）；将事业支出（财政补助支出）本期发生额结转入本科目，借记“财政补助结转”科目（基本支出结转、项目支出结转），贷记“事业支出——财政补助支出(基本支出、项目支出)”或“事业支出——基本支出（财政补助支出）、项目支出（财政补助支出）”科目。

(2) 年末，完成上述结转后，应当对财政补助各明细项目执行情况进行分析，按照有关规定将符合财政补助结余性质的项目余额转入财政补助结余，借记或贷记“财政补助结转”科目（项目支出结转——×× 项目)，贷记或借记“财政补助结余”科目。

(3) 按规定上缴财政补助结转资金或注销财政补助结转额度的，按照实际上缴资金数额或注销的资金额度数额，借记“财政补助结转”科目，贷记“财政应返还额度”“零余额账户用款额度”“银行存款”等科目。取得主管部门归集调入财政补助结转资金或额度的，做相反会计分录。

（二）财政补助结余核算

财政补助结余，是事业单位滚存的已完成项目剩余的财政补助资金，即事业单位已经完成项目的财政补助收入减去财政补助项目支出后的差额。主要包括：项目完成形成的结余；由于受政策变化、计划调整等因素影响，项目终止、撤销形成的结余；对某一预算年度安排的项目支出连续两年未使用或者连续三年仍未使用完而形成的剩余资金等。财政补助结余资金无需结转到下年继续使用，应统筹用于编制以后年度部门预算，或按规定上缴或注销。

财政补助结余只在年末处理，平时不需要核算。年末，事业单位应当对财政补助项目执行情况进行分析，将已经完成预算工作目标或因故终止的项目当年剩余的资金，从“财政补助结转——项目支出结转”转到“财政补助结余”科目。

事业单位形成的财政补助结余资金，应当按照财政部门的规定处理。财政补助结余不参与事业单位的结余分配、不转入事业基金。年度结余的财政补助结余资金，或按规定上缴，或注销资金额度，或经批准转为其他用途。

1. 科目设置

事业单位设置“财政补助结余”科目，核算事业单位滚存的财政补助项目支出结余资金。事业单位发生需要调整以前年度财政补助结余的事项，通过本科目核算。本科目应当按照《政府收支分类科目》中“支出功能分类科目”的相关科目进行明细核算。本科目期末贷方余额，反映事业单位财政补助结余资金数额。

2. 账务处理

(1) 年末，对财政补助各明细项目执行情况进行分析，按照有关规定将符合财政补助结余性质的项目余额转入财政补助结余，借记或贷记“财政补助结转——项目支出结转（×× 项目)”科目，贷记或借记“财政补助结余”科目。

(2) 按规定上缴财政补助结余资金或注销财政补助结余额度的，按照实际上缴资金数额或注销的资金额度数额，借记“财政补助结余”科目，贷记“财政应返还额度”“零余额账户用款额度”“银行存款”等科目。取得主管部门归集调入财政补助结余资金或额度的，做相反会计分录。

（三）非财政补助结转核算

非财政补助结转，是指事业单位除财政补助收支以外的各专项资金收支相抵后剩余滚存的、须按规定用途使用的结转资金。

非财政补助结转资金有两个特点：一是它属于非财政补助资金，二是它属于专项资金。非财政补助收入包括专项资金收入和非专项资金收入，专项资金收入必须按规定用途使用，用于专项事业支出和其他支出，各专项资金收入与其相关支出相抵后，形成的非财政补助结转资金按照规定应结转至下一年度按原项目原用途继续使用。

事业单位的非财政补助结转应当在年末处理。年末，对每个项目的执行情况进行分析，区分已经完成项目和未完成项目。未完成项目的结转资金结转下年度继续使用；已完成项目的剩余资金按项目规定处理：或缴回原专项资金拨款单位，或转入事业基金留归本单位使用。

1. 科目设置

事业单位设置“非财政补助结转”科目，核算事业单位除财政补助收支以外的各专项资金收入与其相关支出相抵后剩余滚存的、须按规定用途使用的结转资金。事业单位发生需要调整以前年度非财政补助结转的事项，通过本科目核算。本科目应当按照非财政专项资金的具体项目进行明细核算。本科目期末贷方余额，反映事业单位非财政补助专项结转资金数额。

2. 账务处理

（1）期末，将事业收入、上级补助收入、附属单位上缴收入、其他收入本期发生额中的专项资金收入结转入“非财政补助结转”科目，借记“事业收入”“上级补助收入”“附属单位上缴收入”“其他收入”科目下各专项资金收入明细科目，贷记“非财政补助结转”科目；将事业支出、其他支出本期发生额中的非财政专项资金支出结转入“非财政补助结转”科目，借记“非财政补助结转”科目，贷记“事业支出——非财政专项资金支出”或“事业支出——项目支出(非财政专项资金支出)”“其他支出”科目下各专项资金支出明细科目。

（2）年末，完成上述结转后，应当对非财政补助专项结转资金各项目情况进行分析，将已完成项目的项目剩余资金区分以下情况处理：缴回原专项资金拨入单位的，借记“非财政补助结转”科目（×× 项目），贷记“银行存款”等科目；留归本单位使用的，借记“非财政补助结转”科目（×× 项目），贷记“事业基金”科目。

（四）事业结余核算

事业结余，是事业单位一定期间除财政补助收支、非财政专项资金收支和经营收支以外各项收支相抵后的余额，属于非财政补助结余。年末，应当将本年度累计形成的事业结余（或事业亏损）全部转入非财政补助结余分配。

1. 科目设置

事业单位设置“事业结余”科目，核算事业单位一定期间除财政补助收支、非财政专项资金收支和经营收支以外各项收支相抵后的余额。本科目期末如为贷方余额，反映事业单位自年初至报告期末累计实现的事业结余；如为借方余额，反映事业单位自年初至报告期末累计发生的事业亏损。年末结账后，本科目应无余额。

2. 账务处理

（1）期末，将事业收入、上级补助收入、附属单位上缴收入、其他收入本期发生额中的非专项资金收入结转入本科目，借记“事业收入”“上级补助收入”“附属单位上缴收入”“其他收入”科目下各非专项资金收入明细科目，贷记“事业结余”科目；将事业支出、其他支出本期发生额中的非财政、非专项资金支出，以及对附属单位补助支出、上缴上级支出的本期发生额结转入本科目，借记“事业结余”科目，贷记“事业支出——其他资金支出”或“事业支出——基本支出（其他资金支出）、项目支出（其他资金支出）”科目、“其他支出”科目下各非专项资金支出明细科目、“对附属单位补助支出”“上缴上级支出”科目。

（2）年末，完成上述结转后，将本科目余额结转入“非财政补助结余分配”科目，借记或贷记“事业结余”科目，贷记或借记“非财政补助结余分配”科目。

（五）经营结余核算

经营结余，是事业单位一定期间各项经营收支相抵后余额弥补以前年度经营亏损后的余额，属于非财政补助结余。事业单位开展经营业务所取得的经营收入和发生的经营支出，应当转入经营结余中，以核算经营业务的成果。年末，经营业务的当年盈利在弥补以前年度亏损后，如有剩余盈利，应转入非财政补助结余分配。若经营业务为亏损，无需转入非财政补助结余分配，留待以后年度的经营盈利弥补。

1. 科目设置

事业单位设置“经营结余”科目，核算事业单位一定期间各项经营收支相抵后余额弥补以前年度经营亏损后的余额。本科目期末如为贷方余额，反映事业单位自年初至报告期末累计实现的经营结余弥补以前年度经营亏损后的经营结余；如为借方余额，反映事业单位截至报告期末累计发生的经营亏损。年末结账后，本科目一般无余额；如为借方结余，反映事业单位累计发生的经营亏损。

2. 账务处理

（1）期末，将经营收入本期发生额结转入本科目，借记“经营收入”科目，贷记“经营结余”科目；将经营支出本期发生额结转入本科目，借记“经营结余”科目，贷记“经营支出”科目。

（2）年末，完成上述结转后，如本科目为贷方余额，将本科目余额结转入“非财政补助结余分配”科目，借记“经营结余”科目，贷记“非财政补助结余分配”科目；如本科目为借方余额，为经营亏损，不予结转。

（六）非财政补助结余分配核算

非财政补助结余分配，是指按照规定将事业单位的非财政补助结余（包括事业结余和经营结余）在国家、单位、职工之间进行分配。

年末，事业单位的非财政补助结余应当转入“非财政补助结余分配”科目进行分配。可分配的非财政补助结余资金，包括事业单位的年度事业结余（或事业亏损，即“事业结余”科目的借方余额）和年度经营结余(不包括经营亏损，即“经营结余”科目的借方余额)，财政补助形成的结余资金不得转入“非财政补助结余分配”中，各项结转资金也不进行分配。事业单位非财政补助结余的分配程序如下：

（1）缴纳企业所得税。事业单位开展非独立核算经营活动形成的经营结余按照企业所得税法的规定需要缴纳企业所得税，如为经营亏损，则无需缴纳。一般而言，事业结余不需要缴纳企业所得税。企业所得税计算公式如下：

$$企业所得税 = 年度经营结余 \times 所得税税率 \qquad (3-4)$$

（2）提取专用基金——职工福利基金。年末，事业单位从税后的非财政补助结余中按照一定比例提取专门用于单位职工集体福利设施、集体福利待遇的职工福利基金。职工福利基金计算公式如下：

$$职工福利基金 = 税后非财政补助结余 \times 计提比例 \qquad (3-5)$$

（3）结转未分配的非财政补助结余。年末，事业单位将可分配非财政补助结余扣除前两项后的剩余资金按照规定转入事业基金，用于弥补以后年度单位收支差额。

1. 科目设置

事业单位设置“非财政补助结余分配”科目，核算事业单位本年度非财政补助结余分配的情况和结果。年末结账后，本科目应无余额。

2. 账务处理

（1）年末，将“事业结余”科目余额结转入本科目，借记或贷记“事业结余”科目，贷记或借记“非财政补助结余分配”科目；将“经营结余”科目贷方余额结转入本科目，借记“经营结余”科目，贷记“非财政补助结余分配”科目。

（2）有企业所得税缴纳义务的事业单位计算出应缴纳的企业所得税，借记“非财政补助结余分配”科目，贷记“应缴税费——应缴企业所得税”科目。

（3）按照有关规定提取职工福利基金的，按提取的金额，借记“非财政补助结余分配”科目，贷记“专用基金——职工福利基金”科目。

（4）年末，按规定完成上述处理后，将本科目余额结转入事业基金，借记或贷记“非财政补助结余分配”科目，贷记或借记“事业基金”科目。

（七）事业基金核算

事业基金，是指事业单位拥有的非限定用途的净资产，其来源主要为非财政补助结余扣除结余分配后滚存的金额。具体而言，事业单位的事业基金来源有三个：一是非财政补助结余扣除结余分配后滚存的金额，二是留归本单位使用的非财政补助专项（已完成项目）剩余资金，三是对外转让或到期收回长期债券投资的成本金额。事业基金一般对应于事业单位的流动资产，当事业单位用货币资金对外长期投资时，应将其转为非流动资产基金。收回货币资金的长期投资时，再将其转回到事业基金。

事业基金没有限定的用途，不直接安排各项支出，主要用于弥补以后年度事业单位的收支差额，调节年度之间的收支平衡。但是，事业单位应当加强事业基金的管理，遵循收支平衡的原则，统筹安排、合理使用，支出不得超出基金规模。

1. 科目设置

事业单位设置“事业基金”科目，核算事业单位拥有的非限定用途的净资产，主要为非财政补助结余扣除结余分配后滚存的金额。事业单位发生需要调整以前年度非财政补助结余的事项，通过本科目核算。国家另有规定的，从其规定。本科目期末贷方余额，反映事业单位历年积存的非限定用途净资产的金额。

2. 账务处理

（1）年末，将“非财政补助结余分配”科目余额转入事业基金，借记或贷记“非财政补助结余分配”科目，贷记或借记“事业基金”科目。

（2）年末，将留归本单位使用的非财政补助专项（项目已完成）剩余资金转入事业基金，借记“非财政补助结转——××项目”科目，贷记“事业基金”科目。

（3）以货币资金取得长期股权投资、长期债券投资，按照实际支付的全部价款（包括购买价款以及税金、手续费等相关税费）作为投资成本，借记“长期投资”科目，贷记“银行存款”等科目；同时，按照投资成本金额，借记“事业基金”科目，贷记“非流动资产基金——长期投资”科目。

（4）对外转让或到期收回长期债券投资本息，按照实际收到的金额，借记“银行存款”等科目，按照收回长期投资的成本，贷记“长期投资”科目，按照其差额，贷记或借记“其他收入——投资收益”科目；同时，按照收回长期投资对应的非流动资产基金，借记“非流动资产基金——长期投资”科目，贷记“事业基金”科目。

（八）非流动资产基金核算

非流动资产基金，是指事业单位非流动资产占用的金额。事业单位的非流动资产包括长期投资、固定资产、在建工程、无形资产等，非流动资产基金就是上述资产所对应的资产净额。非流动资产基金属于限定性基金，被各项非流动资产占用。

事业单位为了兼顾预算管理和财务管理对会计信息的需求，为每项非流动资产设置了基金项目，使得各项非流动资产与相应的非流动资产基金相对应，由此可以实现在取得各项非流动资产时，既确认资金的耗费，又反映非流动资产的投资情况。

事业单位在计提固定资产折旧、无形资产摊销时，应当按折旧、摊销的数额冲减其对应的非流动资产基金。即为“虚提”折旧和摊销，可以合理反映各项资产的价值。事业单位处置固定资产、无形资产、长期投资、无形资产，以及用固定资产、无形资产对外投资时，应当同时冲销或转出该项资产所对应的非流动资产基金。

1. 科目设置

事业单位设置“非流动资产基金”科目，核算事业单位长期投资、固定资产、在建工程、无形资产等非流动资产占用的金额。本科目应当设置“长期投资”“固定资产”“在建工程”“无形资产”等明细科目进行明细核算。本科目期末贷方余额，反映事业单位非流动资产占用的金额。

2. 账务处理

（1）非流动资产基金的取得。非流动资产基金应当在取得长期投资、固定资产、在建工程、无形资产等非流动资产或发生相关支出时予以确认。取得相关资产或发生相关支出时，借记“长期投资”“固定资产”“在建工程”“无形资产”等科目，贷记“非流动资产基金”科目等有关科目；同时或待以后发生相关支出时，借记“事业支出”等有关科目，贷记“财政补助收入”“零余额账户用款额度”“银行存款”等科目。

（2）非流动资产基金的冲减。计提固定资产折旧、无形资产摊销时，应当冲减非流动资产基金。计提固定资产折旧、无形资产摊销时，按照计提的折旧、摊销额，借记“非流动资产基金”科目（固定资产、无形资产），贷记“累计折旧”“累计摊销”科目。

（3）非流动资产基金的冲销。处置长期投资、固定资产、无形资产，以及以固定资产、无形资产对外投资时，应当冲销该资产对应的非流动资产基金。

以固定资产、无形资产对外投资，按照评估价值加上相关税费作为投资成本，借记“长期投资”科目，贷记“非流动资产基金——长期投资”科目，按发生的相关税费，借记“其他支出”科目，贷记“银行存款”等科目；同时，按照投出固定资产、无形资产对应的非流动资产基金，借记本科目，按照投出资产已提折旧、摊销，借记“累计折旧”“累计摊销”科目，按照投出资产的账面余额，贷记“固定资产”“无形资产”科目。

出售或以其他方式处置长期投资、固定资产、无形资产，转入待处置资产时，借记“待处置资产损溢”“累计折旧”（处置固定资产）或“累计摊销”（处置无形资产）科目，贷记“长期投资”“固定资产”“无形资产”等科目。实际处置时，借记“非流动资产基金”科目（有关资产明细科目），贷记“待处置资产损溢”科目。

（九）专用基金核算

专用基金，是指事业单位按规定提取或者设置的具有专门用途的资金，主要包括修购基金、职工福利基金、其他基金等。事业单位的部分业务活动需要有专门的资金来源渠道，并按规定的用途使用资金，为此事业单位设立了专用基金。专用基金属于限定性基金，要求按规定用途使用。事业单位应当根据业务发展的需要，设立专用基金项目。

（1）修购基金。修购基金是事业单位按照事业收入和经营收入的一定比例提取以及按照其他规定转入，用于事业单位固定资产维修和购置的资金。提取修购基金时，按提取数额确认本期事业支出、经营支出，并按照规定在相应的购置费和修缮费科目中各列50%，提取比例由财政部门或主管单位规定。事业单位也可以按规定，从其他渠道转入修购基金。事业收入和经营收入较少的事业单位可以不提取修购基金，实行固定资产折旧的事业单位不提取修购基金。

（2）职工福利基金。职工福利基金是事业单位按照非财政补助结余的一定比例提取以及按照其他规定提取转入，用于单位职工集体福利设施、集体福利待遇等的资金。事业单位职工福利基金的提取比例，由财政部门或主管单位规定，一般不会超过单位年度非财政补助结余的40%。

（3）其他基金。其他基金是事业单位按照其他有关规定提取或者设置的专用资金。

1. 专用基金的管理要求

事业单位专用基金的管理必须遵循“先提后用、收支平衡、专款专用、支出不得超出基金规模”的原则。

（1）先提后用。先提后用是指各项专用基金必须根据规定的来源渠道，在取得资金后，方能安排使用。

（2）收支平衡。收支平衡是指各项专用基金各自量入为出，各自组织收支平衡。

（3）专款专用。专款专用是指各项专用基金都要按照规定用途和范围使用，不得相互占用和挪用。

（4）支出不得超出基金规模。支出不得超出基金规模是指各项基金使用时其支出不得超出其收入规模。

2. 科目设置

事业单位设置“专用基金”科目，核算事业单位按规定提取或者设置的具有专门用途的净资产，主要包括修购基金、职工福利基金等。本科目应当按照专用基金的类别进行明细核算。本科目期末贷方余额，反映事业单位专用基金余额。

3. 账务处理

(1) 提取或设置专用基金。提取修购基金。按规定提取修购基金的，按照提取金额，借记“事业支出”“经营支出”科目，贷记“专用基金——修购基金”科目。

提取职工福利基金。年末，按规定从本年度非财政补助结余中提取职工福利基金的，按照提取金额，借记“非财政补助结余分配”科目，贷记“专用基金——职工福利基金”科目。

提取、设置其他专用基金。若有按规定提取的其他专用基金，按照提取金额，借记有关支出科目或“非财政补助结余分配”等科目，贷记“专用基金”科日。

若有按规定设置的其他专用基金，按照实际收到的基金金额，借记“银行存款”等科目，贷记“专用基金”科目。

（2）使用专用基金。按规定使用专用基金时，借记“专用基金”科目，贷记“银行存款”等科目；使用专用基金形成固定资产的，还应借记“固定资产”科目，贷记“非流动资产基金——固定资产”科目。

第四章　行政事业单位财务管理理论透视

第一节　行政事业单位财务管理的目标

行政事业单位是以实现社会公益而不是以追逐利润最大化为宗旨的非营利性组织（事业单位），其财务管理目标应服从于组织宗旨，具体体现在以下三个层次。

（1）保障公共资源[1]的安全完整。“保障公共资源的安全完整是财务管理的初级目标，初级目标就是保障公共资源的安全完整，即通过科学编制预算，统筹安排、节约使用各项资金，建立、健全公共部门的内部控制制度，加强资产管理，保障预算的严格执行，防止资产流失和无效投资。”（缪匡华，2013）

（2）提高资源使用效率。提高资源使用效率是财务管理的终级目标，就是要通过绩效管理、成本控制、资产管理等手段，帮助公共部门科学决策，合理配置使用资源，注重资源的投入产出分析，提高资源的使用效率。

（3）实现效率与公平的统一。实现效率与公平的统一是财务管理的高级目标，就是通过财务管理活动，帮助单位科学有效地组织分配财务资源，为社会公众提供更好的公共产品和服务，实现“效率”与“公平”的统一。

第二节　行政事业单位财务管理的特征

行政事业单位财务虽然属于部门或单位的财务，但也是整个财政体系的重要组成部分，这决定了行政事业单位财务管理具有自己的特点。

一、行政事业单位财务管理的政策性强

行政事业单位的资金来源主要依靠财政拨款，其支出是一种无法通过自我资金循环和周转补偿的消耗性支出。因此，行政事业单位资金的筹集、运用和管理方式都带有很强的政策性。行政事业单位财务是国家有关方针政策的体现，它的一收一支都直接关系到国家

[1] 公共资源是指自然生成或自然存在的资源，它能为人类提供生存、发展、享受的自然物质与自然条件，这些资源的所有权由全体社会成员共同享有，是人类社会经济发展共同所有的基础条件。

政治、文化建设和群众的切身利益，关系到行政事业单位计划的实现。因此，行政事业单位在办理各项收支业务时，要严格执行有关的收支范围和收支标准，严格执行各项财务规章制度及财经纪律。

二、行政事业单位财务管理以预算管理为中心

预算管理是指单位为了实现确定的经济目标或者管理目标，利用预算编制、预算执行和预算考核等手段进行的相关财务活动。对行政事业单位而言，其进行预算管理活动是为了合理、适时地向社会提供公共产品以及服务而实行的有组织、有计划的管理活动。单位针对预算的管理主要从预算的编制和预算的执行两个方面进行。通过实施预算管理，在发生耗费或者支出最小的情况下，实现行政事业单位的社会职能。预算管理活动的有效实施对单位目标的实现产生重要的影响，合理科学地实施预算管理可以帮助单位实现资源优化配置，对于单位各项管理制度的实施和综合管理水平的提高有着重要的帮助。预算管理是公共组织管理的核心和基础，也是行政事业单位财务管理的中心。

三、行政事业单位财务管理的财务类型不同

行政事业单位种类多，业务特点各不相同，财务收支状况也有很大差别。为了适应这些特点，国家对不同类型的单位实行了不同的财务管理办法。在财务制度上，国家制定了《行政单位财务规则》和适用于各类事业单位的《事业单位财务规则》，同时还制定了分行业的事业单位财务制度。在拨款的形式和数额上，国家根据各类行政事业单位的不同情况，分别实行不同的供应资金方式。在内部财务管理上，行政事业单位还要根据各自财务管理的不同要求，在执行国家统一的财务制度的前提下，制定各单位内部实行的财务管理办法。

四、行政事业单位财务管理的体系比较简单

体系比较简单最主要的原因是行政事业单位资金来源单一，主要是财政拨款。虽然事业单位随着体制改革的深入，更多地面向市场、参与市场竞争，也越来越多地吸收了社会资金，但财政拨款和补贴仍然是现阶段绝大多数事业单位的主要资金渠道。这种单一的资金来源，管理事项少、难度小，且资金提供者并不追逐所提供的资金获得的经济收益，资金管理采用会计集中核算，并执行财政预算为主的财务核算体系，做好预算编制、执行与评估以及内部控制、财务监督等重点内容即可，财务管理体系相对比较简单。

五、行政事业单位财务管理兼顾效率与公平

财务管理的本质是提高资金效率，实现价值增值。虽然行政事业单位开展业务活动的目的是执行或提供社会管理或公益职能，没有直接的经济目的，但同样需要讲求效率，追求费用最低化、回报最高化以及正的净现值等目标。只有这样，才能充分利用公共资源，

为社会提供更好的公共服务。当然，行政事业单位的效率目标可能会与组织的其他目标产生矛盾。因此，在确定财务管理目标、进行财务决策时要兼顾效率和公平。

第三节　行政事业单位财务管理的原则

行政事业单位财务管理的原则与企业财务管理的原则不同，这主要是由行政事业单位的性质决定的。企业是自筹资金进行经营活动，而行政事业单位多是靠国家拨款(补助)，企业经营的目的是获得利润，而行政事业单位的目的并不在于获利，主要是为了完成行政任务和事业计划。行政事业单位财务管理的基本原则如下：

(1) 依法管理原则。依法管理是行政事业单位财务管理应遵循的最基本的原则。在全面协调、统一的前提下，依照相关法律、法规，按照管理资产与管理资金相结合、使用资金与管理资金相结合、管理责任与管理权限相结合的要求，实行各级、各部门共同承担责任的财务管理，以调动全体员工管理的积极性，将各项管理措施落到实处、务求有效。

(2) 现金收支平衡原则。在财务管理中，要求在业务活动过程中做到现金收入（流入）与现金支出（流出）在数量上、时间上达到动态平衡。

(3) 突出重点原则。管理主体可以根据财务管理的全面情况，根据重要程度和紧迫程度进行排列组合。对于多数单位而言，在各个发展时期，全面、系统地查找财务管理过程存在的问题是有效开展财务管理工作的首要前提，必须综合分析影响财务管理的各种内、外环境要素。了解在财务管理过程中，哪些是需要马上解决的、需要着重考虑的，哪些是可以暂缓的、不需要投入大量精力的，从而发现财务管理中存在的问题，找出解决的途径和办法。

(4) 前瞻性原则。财务管理要基于单位的发展战略，根据发展战略制定、实施、评价和优化的实际情况，合理制订计划，紧扣发展走向，卓有成效地开展相关活动。从目标层面上看，财务管理主要是为保证单位持续、健康发展提供有价值的财务信息，这些信息大致分为“判断导向”和“发展导向”两种类型。判断导向的评价强调的重点是过去的绩效，为判断哪些方面应该纠正和如何有效地衡量已实施的财务管理提供基础。而发展导向的评价更多关注的是改进未来的绩效，确保绩效预期清晰明确。通过相关评价的基本方法，一方面修正和调整财务管理的基本内容，另一方面改进现有管理的方式和方略，进而有助于提高管理绩效和水平。

(5) 适应性、可操作性原则。适应性是一项制度的生命。制度的制定必须结合单位实际，不能照搬《中华人民共和国会计法》《中华人民共和国行政事业单位会计制度》或其他单位的管理方法和管理模式，要与单位其他管理制度相衔接。内部财务制度的条文在表述上应尽量通俗易懂，操作方便，并与日常会计核算的实务紧密联系；要按单位实际情况对有关内容、程序、权限等作出明确规定，使单位会计流程中的各个环节都有章可循、规范有序。

（6）监督性原则。对每项重要经济业务都要安排事前、事中、事后的控制方式，便于及时掌握和归集所需要的信息。对会计账目列示方式、财务报告的披露方式要进行具体详尽的规定。

第四节　行政事业单位财务管理的方法

财务管理方法，简单而言，是财务人员用来进行资金运动管理的各种技术方法的集合。具体而言，财务管理方法是财务管理人员针对业务目标，借助经济数学和电子计算机的手段，运用运筹论、系统论和信息论的方法，结合财务管理活动的具体情况，对资金的筹集、资金的投入、成本费用的形成等管理活动进行财务预测、财务决策、财务控制、财务计量、财务分析、财务报告和财务监督的技术，它是财务人员完成既定财务管理任务的主要手段。

一般而言，财务管理方法可分为定性方法和定量方法两大类型。定性方法，是指依靠个人主观经验、逻辑思维和直观材料进行分析、判断，开展管理活动的方法。常用的方法有：个人判断法、集合意见法、特尔菲法（专家调查法）、市场调查法。定量方法是运用数学方法，通过预测模型进行计算来得到预测结果的方法。定性和定量这两种方法在财务管理过程中都不可缺少、不可偏废。但长期以来，我们偏重采用定性方法，忽视了定量方法。其实，定量方法和定性方法一起构成了财务方法体系，而且，在这个体系中，定量方法占据了重要地位。

一、财务预测与决策

财务预测与决策是进一步强化财务管理的前提，在财务管理体系中居于核心地位。

财务预测是指在现有财务资料的基础上，估计未来财务状况及财务指标，主要有因素分析法、比例法、期末余额法、直接计算法、量本利分析法等预测方法。

财务决策是在财务预测的基础上进行的，它依据财务预测资料及其他相关信息，决定实施方案和财务目标，主要有优选对比法、数学微分法、线性规划法、概率决策法、损益决策法、综合平衡法等方法。

二、财务预算与计划法

财务预算是在计划期内预计业务经营成果、现金收支及财务状况的预算，是全面预算管理的一个重要构成部分，也是财务管理工作的一个重要环节。财务预算主要有增量预算法、零基预算法。

财务计划是组织财务活动的纲领性方法，主要有余额法、平衡法、定额法等方法。

三、财务控制方法

财务控制是在财务管理过程中采取特定的手段影响和调节财务活动，从而确保实现财务目标的一系列方法。一般而言，控制方法有以下三种：

（1）防护性控制（排除干扰法）。在运用这种控制方法前，需制定一系列诸如内控制度的配套制度及各种开支标准，消除资金运转过程中可能发生的偏差，充分保证资金的安全、完整性，同时做到努力节约各种费用开支。

（2）前馈性控制（补偿干扰控制）。在掌握大量可靠信息的条件下，通过密切监控并科学预测实际运行系统可能出现的问题，积极采取相关措施控制并消除差异。

（3）反馈控制（平衡偏差控制法）。平衡偏差（平衡实际产生的偏差）的过程可能有一定的滞后性，但整体来看影响不大，应当在认真研究实际情况的基础上，分析并找出实际情况与计划相背离的原因，继而采取有效措施调整相关财务活动，消除差异并努力避免以后发生类似现象。

四、财务分析与考核

财务分析是依据财务信息采用特定方法分析和评价财务活动及结果，全面掌握财务指标的完成情况及财务活动的相关规律。常用的财务分析方法有财务比率综合分析法、杜邦分析法、因素综合分析法等。

财务考核是通过比较规定的考核指标与报告期内财务指标实际完成数，从而确定有关责任部门及个人任务完成情况的活动。财务考核形式多样，主要有适合于考核某些财务成果指标和固定性费用开支的“指标考核”、适合于综合考核多种财务指标的“评分考核”、适合于考核在基期基础上要求增减若干数量的财务指标的“指标完成百分比考核”、适合于考核有一定变动规律但变动性较大的“相对指标考核”等。

第五章　行政事业单位财务管理的新技术应用

第一节　行政事业单位财务管理信息化建设

一直以来，信息技术都处于不断升级与发展的状态，信息技术的进步为财务管理信息化的实现提供了更大发展空间。行政事业单位为了更好地履行社会服务职能，需要更加重视财务管理的创新，以先进信息技术为依托，加速信息化建设进程，体现其应用优势与价值。

一、行政事业单位财务管理信息化建设的必要性

（一）促进行政事业单位职能目标、战略规划稳步实现

“互联网 +”时代，行政事业单位推进财务管理信息化建设是促进职能目标、战略规划稳步实现的重要保障。行政事业单位应围绕部门中长期发展计划，牢固树立社会效益优先、提升社会服务的思想，从内部管理着手，重点加强财务管理信息化建设，提升信息化建设层次，创新财务管理手段，快速收集、整理、分析、加工大量数据信息，汇总财务数据方案，预测单位收支情况，融合相关模块，为决策制定、战略规划等提供准确且完整的参考依据，进一步满足单位战略目标实现的需求。例如，现行的公务卡报销方法在充分利用信息网络平台的基础上，将银行结算系统模块与财政预算支付一体化系统衔接，进一步强化财政监督，有利于打造“阳光财政”“阳光政府”形象。

（二）促进行政事业单位财务管理高效转型

行政事业单位加强财务管理信息化建设，第一，能够在充分应用信息技术的基础上，使以记账报账、会计核算为重心的传统财务工作方式发生转变，应用财务软件、智能机器人等完成基础财务工作，帮助财务人员高效处理各类财务事项，实现会计电算化、信息化，同时结合信息技术的更新与升级，建立、完善、优化财务管理信息系统，发挥信息系统的应用优势，促使财务管理转型，让财务更好地服务于业务管理、业务决策；第二，通过信息化手段，充分发挥人工智能、大数据等现代信息技术在会计核算工作中的作用，减轻重复性工作压力，在信息化环境中扩大财务管理的内容、监控财务处理流程、持续挖掘

财务管理潜力，既能够使封闭性财务会计工作走向开放性，又能够严控信息化建设中的各类风险，保障系统的安全性能，让财务管理工作始终高效进行，为财务管理的转型提供重要支撑。

二、行政事业单位财务管理信息化建设的策略

（一）明确总体目标，进行信息化建设

财务管理信息化建设是一项系统性工程，应根据单位运行发展变化确定短期、中期、长期建设目标，在信息技术的作用下，逐步实现由财务会计向管理会计的转型，赋予单位高质量财务管理能力，全面提升财务管理水平。同时，为了进一步提高信息化层次，将系统应用落到实处，全面提升工作质量及效率，行政事业单位应当从“业财融合”出发，搭建财务一体化管理系统，拓展信息系统的覆盖范围及功能，在多个方面发挥作用。具体策略包括：首先，将新的理念及技术贯彻到信息化建设的整个过程，以此为支撑，制订建设方案；其次，注重数据信息的及时采集与提取、加工、分析等，构建统一的数据信息交换及共享平台，便于各主体间信息传递，为决策制定提供支持，全面实现动态监督各项经济活动及资金收付情况，判断其合规性、合理性，找出问题予以解决；再次，集成各种信息资源，根据各部门、各岗位的工作需求，设置权限来进行调用与查阅，提高信息资源的利用率；最后，整合信息流、资金流，推进业务与财务的深度融合，促进财务转型与升级，全面提升信息化层次及水平。

（二）落实内部控制，加强安全管理

行政事业单位财务管理信息化建设过程中应设置严谨的内控制度，以制度为保障，规范信息化流程，并严格约束单位相关人员的实际行为。首先，制定内控规范文件，作为单位加强财务信息化建设的主要指导性文件，明确工作细则、内控制度执行标准、审查监督等，根据不同的工作节点，如预算、核算、决算等节点，重点优化相应的信息化流程；其次，以内控规范作为基础保障，整合流程模块，注意各节点之间的连接性，确保数据信息能够实现高效且及时的传递；再次，严格制定规章制度，包括授权审批制、岗位责任制、资产保护机制等，细化系统信息化流程，加强对操作权限、职责划分与执行、资产清查与盘点等方面的有效控制；最后，基于信息化视角，加强对数据处理、运行维护等流程的管控，实现全方位动态监督，从根本上消除人为主观因素的影响。

财务管理信息系统的升级过程中伴随着一定的安全风险，单位还应当及时调整安全体系与策略，不断完善与优化。牢固树立网络安全意识维护系统安全稳定，确保财务数据信息的安全传递、完整保存。可以通过建立加密技术与机制，严设防火墙、应用访问控制、数字签名、分布式文件系统（HDFS）加密等技术来维护财务信息系统的安全与稳定运行。

（三）完善人才培养体系，提升信息化素养

大数据时代，复合型人才显然成为单位信息化建设的关键推动力。面对信息化环境下

发生明显变化的财务工作模式，行政事业单位应建立财管人才的培养体系。第一，政府职能部门、单位内部组织多元化培训，以理论、实操、案例分析等形式开展，既要夯实专业理论基础，又要提升信息技术应用能力，使财务人员更快地学习掌握新技术、新业务；第二，适当提高财务管理岗位的“门槛”，吸收既掌握财务会计、管理会计，又掌握各种财务软件操作的综合型人才；第三，建立健全绩效考核机制，将财务工作效率、成果及人员履职情况，与绩效奖惩直接挂钩，创新激励手段，如调整绩效工资、拓展晋升空间、荣誉表彰等，以此调动人员积极性，夯实单位财务信息化人力资源保障。

（四）运用大数据实现共享，推进高效工作

大数据是实现单位内部数据信息高效传递与共享的巨大推动力量。从中央到地方，从上至下，为了能进一步全面实现财务管理信息化，促使财务工作转型升级，各部门、各单位应建立统一的数据采集、共享平台，国家各职能部门根据各自业务发展需求，设定数据采集、共享权限，在充分利用大数据的基础上，采用统一采集交换平台批量传输数据服务模式，实现数据集成以及数据交换共享。整个数据交换平台结构划分为多个模块，其中最核心的为交换中心管理模块，需要根据具体需求分析，定义数据交换的标准，针对不同类型的数据信息设定相适宜的数据流转过程，执行数据交换应用集成中间制，读入数据交换流程，以该流程为根本进行数据交换。通过建立数据交换平台，加快系统对接，实现实时共享，助力完成更高质量及效率的财务工作。

行政事业单位加强财务管理信息化建设是促进其财务管理转型升级、促进职能目标及战略规划稳步实现的重要保障。一方面，可以全面提升财务工作效率，实现内部资源共享，助推业财融合；另一方面，可以强化财务分析，推进财务信息集中管理，为决策制定提供数据支撑。因此，“行政事业单位以单位实际需求为立足点，以信息化建设总体目标为着眼点，以建设过程中的问题为切入点，以全面提升财务管理为落脚点，积极探寻可行的改进路径”。(胡丹，2022）通过采取明确信息化建设总体目标、提升信息化建设层次，强化内部控制、加强安全管理，完善人才培养体系、提升信息化素养等措施，推进信息化建设进程，搭建功能齐全、数据共享的管控体系，实现财务智能化、数字化，从而进一步推动行政事业单位自身的可持续健康发展，更好地发挥其职能目标和战略规划。

第二节　云会计对行政事业单位财务管理的影响

行政事业单位应借鉴企业构建和应用云会计平台的经验，结合实际需求，进行自身云会计平台及财务信息化建设，从而改进现有的财务管理体系，优化财务工作流程，整合财务与非财务信息，使各部门之间的数据实现动态交互共享，建立科学有效的财务信息化体系，提升行政事业单位财务管理工作效率。

云计算运用分布式计算将庞大的数据分解，利用互联网建立资源共享中心，实现计算资源共享、线上数据存储和自动化管理。云会计将云计算的运行理念和构建技术与会计信息系统相结合，其主要由财务应用软件、服务平台、云数据储存及计算设施组成。相较于原有的会计系统，云会计模式下数据更为集中化，线上存储及数据的挖掘能力更强，更好地实现了平台的共享，且在服务中可以不断进行动态升级更新，最终形成较为完善的自动化管理机制。

一、云会计对行政事业单位财务管理的作用

云会计在行政事业单位的应用可以规范业务流程，使单位的工作绩效更容易量化，为单位管理效率的全面提升提供良好的途径。同时，云会计平台可以通过云端网络实现信息的动态交互，提高财务信息在行政事业单位各层级组织间的即时传递，进而提升工作效率、降低财务运行成本、提高行政事业单位的会计信息透明度，让会计工作人员从单一的会计核算工作中解脱出来，进而向收支管理、预算管理、风险防控、资金监管转变，强化行政事业单位财务的管控职能。

（一）规范考核标准，强化绩效管理

现阶段，政府、行政事业单位的职能正向服务型转变。在此过程中，行政事业单位需要担负起重要的使命，提供更高效、更优质的服务。我国行政事业单位由于管理及绩效考评系统不完善，责任分配不够明晰等问题，使得相关改革面临重重阻碍，推进迟缓。而大数据环境下，云会计系统将各个环节重构，统一设计，明晰各方责任划分，并将业务流程进行再造，使得考核标准更加明确，容易量化。此外，通过大数据的汇总，将绩效考核与云会计系统有机结合，一方面，可以对成果及时分析调整，实现组织协同运转；另一方面，能够使奖惩有实际的数据支撑，为行政事业单位各分支部门工作人员的绩效考核奠定良好的基础。

（二）落实信息共享，提高工作效率

在行政事业单位中，一些单位由于各核算主体的情况不同，不同主体间的核算各自独立运行，各单位之间没有良好的财务数据共享机制，信息不畅通，预算、资金使用情况等等大多需要一级级汇总上报，程序烦琐且易造成信息失真，降低工作效率。在云会计条件下，建立财务信息共享系统能够提高信息传递的精确性与传输效率，使数据集中化以便从整体进行财务分析。此外，云会计系统通过统一规范各核算主体，能够使预算、决算、绩效管理、资金管控等财务系统相互融合，实现跨机构、跨部门的信息汇总，以便上级监督检查部门可以更好地掌握总体情况，对冗余的流程步骤及时删减调整，降低中间信息传递环节的时间耗费，提高整体工作效率，实现行政事业单位更好为人民服务的目标。

（三）进行资源整合，加强成本控制

一方面，云会计平台的建立能够立足于单位整体需求，对人员岗位设置进行规划，重新梳理重叠或闲置的部门，进行人员的轮换配置；另一方面，现行的财务模式需要各个部门独立核算，如编制记账凭证、数据汇总加工和审批报送等，浪费大量人力成本。云会计通过建立云端系统可以将各部门的单据汇总，各部门只需将原始单据进行上传，后续制单、整理、上传等工作可由一人完成。基于云会计设立的财务共享系统，可以将单据集中统一处理，且对于较小的单位部门可以将部分基础性非机密财务工作外包，而有能力独立设置财务共享系统的单位，也可以通过财务共享中心将零散的财务工作集中处理，从而削减相关人力成本支出。

在具体业务实施中，云会计针对成本的关键控制点进行强化控制，根据不同的经济活动的各个环节建立独立模块，依据各经济活动的特点及各个单位不同环境进行针对性管理。依靠大数据的支撑，系统平台能选择适当的成本控制方法，将业务各模块进行分解，找出超出预算的部分。此外，云会计平台将财务信息存储在云端，能够打破原有信息调用审查的时间、空间限制，增强信息的互通互享，从而有利于更好把控各单位资源的利用情况，实现整体资源配置优化。

总而言之，大数据环境下，行政事业单位利用信息技术手段来搭建的滚动预算云会计系统平台能够针对全面预算的各个环节进行优化。在预算编制阶段，传统行政事业单位的预算无法做到信息的及时传输，且由于各部门存在信息交互的阻碍，使行政事业单位的预算缺少整体战略观念，协调能力较差。云会计系统的特点是信息集聚能力强，在大数据和各级部门信息总体汇集下，便于从整体发展的方向出发提出战略目标，发挥预算管理的全局规划职能，减少过去由于数据缺失而导致的预算失准问题，云会计系统考核监督更加精细严格，在云平台数据信息支撑下，能够对业务实际执行效果进行评价，使考核流程更加严谨和公正。

二、云会计在行政事业单位财务管理中的实践

随着行政事业单位财务会计与现代信息化建设融合的不断深化，大数据和云会计在行政事业单位中的重视程度增强，建设投入资金也在不断增加。大数据和云会计为行政事业单位的预算编制、绩效考核、会计核算、成本控制等各项财务管理工作提供了新的改革方向，在新模式下，财务管理工作需要与财务外围系统的信息进行充分交换。

（一）促进财务管理人才队伍的创新

在平台建设方面，云会计平台要与各类不同的行政事业单位契合、针对各单位的特点进行系统研发，且在投入使用后云会计平台还要后续维护改进，这些都需要一批既能够掌握政府会计知识又要熟悉相关数据库运行，既熟悉会计信息系统软件运行操作又懂相关编程知识的高素质复合型的人才。云会计系统需要在真正运行过程中，结合本单位的实际情

况做出相应调整，因此在信息化建设的初期这类高素质人才缺口较大，各单位要制定相应的人才引进工作。此外，在平台应用方面，各单位一方面要组织新系统的培训，使财务人员熟悉系统操作使用方法；另一方面，在新的人才选拔考核时，要加强对会计信息系统应用技能方面的考核。

（二）提高对网络安全风险的防范

在云会计模式下，数据实现了云端的储存，内外网络互连，要求行政事业单位的会计人员增强个人网络安全防范意识，重视财务信息化建设和使用中的安全防范工作。相对原来纸张存储，互联网和计算机的数据信息存储大大减少了对存储空间的占用，提高了存储的便利程度，但同时也带来另一个问题，即数据库维护工作的安全性要求提高。由于财务内部局域网与外网的互联，增加了信息被窃取的风险，因此，信息能否安全地存储，关键在于通过硬件和软件设立安全防护机制。云会计系统的建设人员要注重对重要数据信息的保护工作，加固安全防护网络，通过安全密钥等数据加密手段保护单位的云端财务数据。与此同时，还要及时备份重要信息，防止终端网络出现问题导致数据丢失。在建设初期专业网络安全防护人才不足的情况下，单位可以与相关企业合作建立云会计平台安全防护机制。

（三）结合国库集中支付制度

国库集中支付制度改变了行政事业单位财政款项拨付过程中资金层层审批，资金流转效率低的问题，其顺应了大数据和电子信息技术的发展潮流，以电子凭证和网络平台审批代替原来的纸质凭证和人工报送，使财政资金拨付业务向无纸化和信息化方向发展。一方面，云会计平台要与国库业务处理系统和支付银行做好对接，各平台系统连接互通，增强业务执行、凭证生成和资金拨付同步性，实现财务系统与资金系统的联通，形成完整凭证生成、审批、报送的电子信息系统。另一方面，应构建云端平台和国库系统相协调的信息实时监督控制机制，完善云端凭证共享平台，实现在预算执行过程中信息的及时录入和全程共享，实时监督资金使用情况。

（四）优化内部控制系统

云会计的虚拟信息系统拥有规范的业务流程、高效的数据处理能力，可以将原来人工的控制流程替换。但由于行政事业单位是非营利性的，其内部控制和风险控制意识较为薄弱，在开放的云会计环境下，业务流程中数据的交互不再仅限于单位内部，因此，要强化风险管理和内部控制意识。

“行政事业单位要建立与云会计系统相匹配的内部管理制度，立于全局的角度重新梳理整体业务的流程，明确各级操作权限，划分清楚不同岗位的职责，依据现有的岗位需要严格设置数据的访问权限，建立相互制约的审核机制。”（吕苏怡、陈维青，2021）行政事业单位要不断完善内部控制机制，各单位要根据自身经营管理环境的变化和业务特点对云会计系统进行选择性的调整，使用期间要做到及时更新、创新业务流程。此外，各单位应依据业务流程的特点建立监督检查机制。云会计的实时动态云端监控及对数据高效的处理分析能力为事中的监督考核提供了较好的条件，使各单位可以结合全方位的立体数据网络给出评价结果并更新至云端，有效促使其及时改进。

云端信息平台的建立使行政事业单位财务工作重心由原来的核算更多地向预算管理、成本控制、绩效评价等管理职能转变。在云会计系统建立的过程中，要树立组织整体战略规划理念，加强对财务管理人才队伍的创新，强化单位内部控制制度，加强对网络风险防控意识，与国库集中支付制度做好衔接，变革组织结构，使大数据环境下行政事业单位的财务管理工作真正实现高效运转，更好地服务群众，助推我国经济发展。

第三节 大数据技术对行政事业单位财务管理的优化

目前，大数据技术表现出非常显著的特点：涵盖的数据信息量非常大、包含的数据类型特别多、实际的价值分布较为零散、整体的发展速度相当快等，这些都进一步凸显了大数据技术应用的必要性。在我国经济社会发展当中，行政事业单位是重要的支撑性元素，致力于社会公共服务工作的开展，国库集中制是其显著特点，在服务上表现出明显的与众不同，在改革进程中更加凸显了公开性的特点，这些都要求财务管理必须要全方位跟进。只有深层次地深化财务管理工作，才能真正跟上时代发展的基本需要。为此，行政事业单位需要高度重视大数据技术的应用，切实推动大数据技术融入财务管理中去，从而实现对海量数据信息的有效全面分析。

一、大数据技术对行政事业单位财务管理工作的有效性

随着科技的发展，大数据技术等的应用越发广泛，对各个领域的影响相当突出，对行政事业单位财务管理的影响尤为明显，极大加快了财务管理从传统型向现代型转变，对增强行政事业单位的整体管理服务水平都有着重要意义。大数据技术的应用显著提高了财务管理的信息化水平，能够对海量数据进行更好分析，对指导行政事业单位整体层面改革发展都有着非常好的助力作用。

（一）提升数据信息的完整性，维护安全水平

在当前行政事业单位改革发展新形势下，财务手段及基本途径是行政事业单位财务管理体系的主要构成内容，直接关系着行政事业单位自身资金的安全使用及资源的优化配

置。科学、合理的财务管理，可以更好地推进行政事业单位的纪律作风建设。当前行政事业单位的资金来源是政府层面的财政拨款，在深化财务管理上，将大数据技术应用到其中，可以建立起以行政事业单位为核心的完整财政数据库，能够更好地了解行政事业单位财政资金使用的基本情况，进而更加精准地把握行政事业单位的基本需要，这对于现代化财务管理体系的建成及优化都有着重要作用。

（二）提升财务会计信息的质量水平

将大数据技术应用到行政事业单位财务管理当中，能够对现有的海量数据信息进行更加全面的分析，精准把握数据信息背后潜藏的规律性内容，从而更好地指导实际管理工作的开展，对及时进行数据信息的纠偏等都有着重要作用。与此同时，通过大数据技术的应用，还可以对重点、关键性的数据信息进行更加深层次的挖掘，这对于财务信息的科学性、准确性都有着深刻影响。从传统层面而言，行政事业单位如果想获取相关的财务信息，通常的渠道是不同类型的财务报表，而这些都需要财务工作人员经验的积累，财务工作人员也难以对海量的财务数据信息做到精准有效把握。在大数据背景下，通过大数据技术的有效应用，行政事业单位财务人员不仅可以非常好地获取各种财务数据信息，对不同类型的财务信息进行综合性研判，选择性获取需要的内容，显著提高财务信息的实际利用价值。“通过大数据技术的应用，行政事业单位可以在流向上对资金进行更好地把握，可以显著降低资金流动等过程中的风险问题，并且可以指导行政事业单位更好地进行统筹规划，从而深层次凸显财务管理在行政事业单位当中的地位及影响力。”（黄铭，2021）

二、大数据技术下行政事业单位财务管理的优化措施

随着大数据时代的到来，行政事业单位需要面对和处理的数据信息显著增多，而行政事业单位则是核心影响所在，只有坚定地抓好了财务管理工作，才能更好地服务于行政事业单位的价值体现、风险防控、安全管理等整体性工作的开展，为此需要有效做好以下工作。

（一）注重与数据信息的融合

对于行政事业单位财务管理工作而言，预算管理是重要的组成部分，是影响财务管理的基础性环节，直接关系着财务管理的基本效率。加快完善预算管理部门的相关工作，从而更好地对行政事业单位管理工作中的数据信息、基础性数据、行业数据等进行宽领域、全方位、多层面的研究，这样可以将更加有价值的数据信息整合到行政事业单位战略规划当中去，对加快信息化技术手段的应用都有着重要意义。以深化预算执行为例，在预算执行中，建立一整套进行费用效果分析的目标体系和方法体系，建立定期的预算分析和跟踪制度。预算一经发生，就要进行跟踪检查、分析研究，特别是要建立预算分析评价模式，使每一项费用的发生，透过评价模式，一目了然地得出正确的结论。通过信息化技术手段

的应用，可以从数据层面对行政事业单位不同部门使用资金及定额消耗等情况进行全面整合，立足于一个平台进行高效安全的管理，这样不仅提高了数据信息的利用率，而且还节省了相关层面数据信息获取的成本，加快了数据信息共享的步伐。

（二）转变传统观念，落实人才队伍建设

在行政事业单位改革发展新时期，财务管理人员应当深刻认识行业及社会发展的基本特点，主动融入其中，切实转变自身的传统观念，与大数据技术等的应用深层次融合到一起。同时，行政事业单位应当加大对大数据技术、网络信息技术等的宣传推介，进一步推动财务管理人员更好地认识大数据背景下的财务管理工作。与此同时行政事业单位应当加大对财务管理信息化建设的实际投入力度，对各种老旧的信息化技术设备进行更新升级，鼓励财务管理人员主动选择和使用相关的信息化软件，从而推动大数据技术等更好地融入财务管理工作当中。行政事业单位应当加快高素质财务管理人员队伍的建设，结合行政事业单位基本情况，制订科学的人才引进计划，注重向计算机技术、信息化工程等领域倾斜，将引进的高素质信息化人才安排到财务管理工作当中，从而满足财务管理信息化建设的基本需要，而且还需要定期开展各种形式的教育培训，注重丰富和开阔财务管理人员的基本视野，这对于大数据技术等的深层次融入也有着很大帮助。

（三）深化大数据财务管理认知，融入行业发展

行政事业单位在改革发展当中，应当主动与其他单位及行业进行相关信息、经验、做法等方面的沟通交流，从而加快自身信息化变革的步伐。在财务管理上，注重强化对大数据技术等应用的考核，结合财务管理基本需要，制定和完善相关的规章制度，从而推动财务管理信息化工作的规范有序开展，增强不同层面应用大数据技术等的主动性、成效性。行政事业单位对于财务管理一定要给予足够的重视，从而更好地适应大数据时代的基本要求。

第四节　区块链技术在行政事业单位财务管理中的应用

区块链具备的时间戳技术、去中心化、分布式记账、非对称加密和数字签名等技术可以满足互联网背景下的会计信息质量要求，在业务和财务互相融合的过程中，针对业务流程的弱点，设计对应的区块链技术进行弥补，让计算机实时监控代替人工审计过程，进而重新构建自动化的财务流程和业务处理机制。

一、区块链会计技术的特征

(1) 记账方式不同。现在市场上的财务软件基本采用中心管理者授权的模式，即以

权力中心为轴心，依次向外扩散，权力程度逐渐降低，外环的用户记账权限低于内环的用户权限。这种以中心管理者为核心的授权机制下，形成了一本中心化账本。而区块链记账模式下，没有中心，不需要授权就能记账，各个节点都是独立平等的记账者，所以不存在总账和明细账之分，各个节点在独立运行过程中突破了时空的限制，随时运行超级账本。

（2）生成机制不同。现有的记账模式普遍采取权力中心授权模式，区块链会计采用多中心化分布记账，在运行协议中提前设定好自动化进程，完成一笔交易后相关信息直接同步推送到各个节点，时间戳也同步形成。这种模式可以溯源，但是不具备可逆性，即使是无意造成的错误信息也没法随意更改，想要更改数据必须取得超过半数节点的同意才能进行，这就会使篡改数据的成本超过获得的收益。

（3）去中心化。各个节点独立记账是区块链模式下的独特形式，因此，无须中心授权和审批，记账方法按照区块链技术逻辑在早期开发完成，当触发条件满足时，记账会自动进行，得益于底层架构的不断完善与创新，这种网络环境下的多中心化记账模式可以有效解决财务管理的一定问题。

（4）匿名交易。区块链的不对称加密技术有效解决了交易双方互不信任的问题，保护了交易双方的隐私，提高了交易的整体效率。

二、区块链技术在行政事业单位财务管理中的作用

会计信息的质量要求中具备可靠性是极其重要的，当某个交易发生后会计进行真实的确认和记录，年终汇总梳理所有财务数据，出具年度财务报告。目前的防作弊机制主要依靠内外部审计和内控流程的建立完善，这往往是一种事后的补救。区块链技术在设计之初，就从基础结构框架上进行了革新，把控制环节前移，让跟随交易生产的财务信息从根本上解决真实性不足、安全性受到威胁等问题。依赖于互联网、大数据技术的进步，区块链会计将会给未来审计、财务传统模式带来根本性的变革，为价值投资开辟路径。

（一）提高会计信息的真实性

区块链技术采用去中心化模式，去中心化可以理解为多中心化，原有财务中心集中授权的模式被打破，交易信息跳出了集权者的控制，所有信息都可在各个节点进行查阅，交易信息都是即时产生、即时上传的，在上传过程中，进行真实性认证。区块链确保会计信息真实性的技术路径主要包含：①区块链技术增强了会计信息的预警性。现在财务会计在运行中不断加强对业务活动相关信息的收集和掌握，这可以帮助财务人员更深入理解业务流程，优化财务运作模式，区块链技术继承了这一特点，从业财融合的角度出发，提供风险预警机制，并第一时间发布预警信息，能够最大程度对变幻莫测的经济运行状态进行预测。②区块的唯一编号就是时间戳，这就为信息溯源提供了条件。③区块链技术增强了会计信息的可追溯性。所有的交易信息都在节点存储，想要找到一笔历史交易变得轻而易举，智能化合约还能够按照提前设定好的程序自动抓取信息使用者所需要的信息。④区块链技术为拓展会计信息用户创造了条件。在多中心财务运行模式下，不存在传统权力差别

大、信息不对等问题，这种透明度增加了数据的安全性，用户都可以从节点获取需要的信息，扩大了财务信息的用户数量，让信息发挥更大价值。

（二）提高会计信息的安全性

区块链具备的数字签名技术，会在签名过程中产生一对私钥和公钥，会计信息的用户各自存储私钥，公钥因为不具备保密性，会在运行机制下公开发布。合格的私钥用户经过认证后获得数字签名，私钥用户采用加密技术之后，其他用户可以使用公钥进行技术验证，验证并不会影响私钥的安全性。区块链在设计之初就考虑到私钥的安全性至关重要，因此，在加密后会派发多把私钥，相关用户都有权限获取和使用，私钥之间相互认证，丢失一把私钥并不会影响某个区块的安全，区块链技术保证在数据采集环节、传输环节、储存环节和访问环节的安全性。得益于采用多中心记账模式，当一个节点信息泄密后，其他节点会正常提供交易信息和时间戳。区块链创新采用各种加密机制和签名技术，时间戳技术所带来的不可逆性，全网数据同步备份和各个节点相互验证的模式，为管理会计演进、内部控制优化和加强风险管控创造了条件。

（三）提高会计信息的使用价值

区块链会计相比传统会计能提供更加多样化的数据，主要是更加简单易懂的非结构化数据，这些数据采用图表形式直观展示出横向和纵向的差异，降低了非财会专业人员理解财务数据的门槛，克服了高专业性带来的理解障碍。可视化技术采用便于理解的图像、表格、动画等形式提供给使用者，使会计信息支持决策制定。溯源技术可以根据需要随时查找历史交易数据，为使用者深度挖掘财务信息使用价值创造了条件。实质重于形式的原则在区块链中得到发扬，让用户在横向和纵向两个维度上进行信息判断。“区块链独特的数据加密技术让信息在传输和存储过程中更加真实可靠，多中心化加快了信息的产生和利用效率，人为信用将被技术信用所取代。”（闫守森，2021）另外，这一技术附带产生了很多相关信息，如绩效管理效果提升方法、内部控制流程优化建议、风险加强控制的对策等，这些相关信息会帮助信息使用者从多个维度理解会计信息，充分挖掘其利用价值。

三、区块链技术在行政事业单位财务管理中的实践

区块链技术按照逐层构建方式建立起数据库，在自动化协议下，突破时空限制，数据自动存储、加密、传输，其一致性和可靠性大幅增加，各个节点自动同步获得交易数据，这一开放包容的系统让财务人员可以随时开展业财融合活动。区块链的保密技术赋予注册会计师客观公正发表审计意见的权力，这种审计意见具备匿名性，即使是被审计单位管理层也无法找到对应的注册会计师，最大程度地确保审计报告真实公正。区块链的运行机制主要包括重构会计核算模式、重构信息生成路径、重构财务记账模式，具体包含以下方面：

（1）区块链技术重构了会计核算模式。区块链技术在会计核算的四个环节进行重构：①在会计确认环节，多数节点共同认可某个交易后，交易数据都是不可随意更改的，同时具备可溯源性；②在会计计量环节，区块链独特的数据非对称加密技术，在技术层面和成本层面阻断了财务造假的可行性；③在会计记录环节，跳过中心授权的模式后，各个节点单独储存数据并随时根据交易情况进行实时信息更新；④区块链技术因为具备自动化同步数据的能力，可以根据用户需要实时出具财务报告，区块链能够随时确认交易数据的真实性和准确性，只有通过验证的数据才能进入节点，构成新的区块，这种新的会计报告模式突破了固定期限的传统，开辟了实时报告的新模式。

（2）区块链技术重构了信息生成路径。会计信息相关使用者的网络痕迹都会被区块链记录下来，会计数据的真实性在共识机制的保护下得到保证，能够有效防止不法分子进行非法篡改。

（3）区块链技术重构了财务记账模式。多中心化的功能从根本上解决了单点功能失效的问题，相互独立的各个节点采用拜占庭算法[1]，这就使得信息提取更加高效便捷，同时，时间戳具备的倒查标记让会计信息在还原交易信息与流程方面更加完善。

[1] 拜占庭算法是由拜占庭问题衍生出来的共识算法，可以将共识算法定义为一种机制，共识算法的核心是在正常的节点之间形成网络状态的共识。拜占庭算法是一种能够抵抗由拜占庭问题所导致的一系列故障的系统属性，即使某些节点之间沟通失败或者存在恶意行为，拜占庭系统也能够继续运行。

第六章　不同行政事业单位财务管理的实践研究

第一节　科学事业单位的财务管理

科学事业单位会计是指以科学事业单位实际发生的各项经济业务为核算对象，记录、反映和监督单位预算执行过程及其结果的专业会计。科学事业单位会计是事业单位会计的一个分支。

一、科学事业单位财务会计制度的变化

（1）扩展了制度的适用范围。原科学事业单位财务制度和会计制度均只适用于“纳入事业财务管理体系的国有科学事业单位”，从而将集体的、民营的以及合资的事业单位排除在科学事业单位财务制度之外，适用范围有限，不利于规范具有相同核算规律的所有科学事业单位的经济行为。现行的科学事业单位财务制度和会计制度则明确规定，适用于“各级各类科学事业单位”，打破了原有制度的种种限制，顺应了现行科学事业单位资金来源渠道日趋多样化，经济成分日趋多元化的趋势，使财务会计制度以一种更加开放的姿态，在更大的社会领域内发挥作用。

（2）会计核算内容更加规范。新增与部门预算、国库集中收付、收支两条线、政府采购、政府收支分类等财政改革相关的会计核算内容，实现会计规范与其他财政法规政策的有机衔接。

（3）改进科技产品核算方式。考虑到科技产品在科学事业单位的特殊性，采用了企业产品成本核算方式对科技产品成本进行核算，从而确保科技产品成本数据真实、准确。

（4）创新固定资产和无形资产核算。在会计核算中引入了固定资产“虚提”折旧和无形资产摊销核算内容，兼顾了预算管理和财务管理双重需要，既不影响支出的预算口径，又有利于反映资产随着时间推移和使用程度发生的价值消耗情况，促进科研单位落实“实物管理与价值管理相结合”的资产管理理念和原则，为科研单位进行内部成本核算提供会计数据支持。

（5）规范内部成本费用核算。现行制度特别强调以科研项目为基本核算对象，实施内部成本费用管理，通过对内部成本核算的对象、方法、各类成本费用的界定和划分等进行统一的规定，建立起比原制度更加规范的成本费用管理办法，促进科学事业单位加强经济核算，加强绩效管理。

（6）定期将基建会计信息并入“大账”。新增“在建工程”核算内容，实现了基建投资业务相关数据定期并入科学事业单位“大账”，增强科学事业单位会计信息的完整性。

（7）加强对无形资产的管理。创新引入“未确认的无形资产登记簿”核算要求，可以让科学事业单位在以财政性资金投入的、以取得无形资产为目的的科研项目通过验收后，根据实际支出金额登记为“未确认的无形资产登记簿”，从而进一步规范了科学事业单位的会计行为，确保了会计信息的真实性、完整性，为进一步强化科研项目经费管理奠定了基础。

（8）完善待处置资产的管理和核算。将原制度下的“待处理财产损溢”科目改造成“待处置资产损溢”科目，由只核算财产清查过程中查明的各种财产物资的盘盈、盘亏和毁损，进一步扩大到对单位处置资产价值和处置损益进行全面核算，以此体现事业单位国有资产处置的原则和程序要求，完整反映除库存现金和短期投资以外各项资产的处置过程，规范处置程序，归集处置收支，防止国有资产流失。

（9）细化事业收入和支出科目设置。为直观反映科学事业单位承担的科研和非科研工作任务对科学事业单位收支情况的影响，本着重要性的原则和要求，将事业单位的“事业收入”科目拆分为“科研收入”和“非科研收入”两个一级会计科目，将“事业支出”科目拆分为“科研支出”“非科研支出”“支撑业务支出”“行政管理支出”“后勤保障支出”和“离退休支出”等6个一级会计科目，分别进行核算和反映，从而更加清晰地核算科学事业单位收支情况，满足科学事业单位预算管理的需要。

（10）改进了财务报表体系。增加了“财政补助收入支出表”，以更好地反映财政资金的使用情况，满足预算管理的需要。借鉴国际惯例和通行做法，在“资产负债表”中按照流动资产 / 非流动资产、流动负债 / 非流动负债的顺序分类列示资产和负债，同时取消了收入和支出项目。改进收入支出表的结构，使之既能够反映科学事业单位收入总额和支出总额信息，又能够反映各种不同来源资金的收、支和结转结余情况。

需要注意的是，《事业单位会计制度》是根据《事业单位会计准则》和《事业单位财务规则》制定的；《科学事业单位财务制度》是根据《事业单位财务规则》制定的，《科学事业单位会计制度》又是根据《事业单位会计准则》，结合《科学事业单位财务制度》规定而制定的。

二、科学事业单位财务管理的现状与问题

（一）科学事业单位财务管理的现状

（1）财务管理制度修订周期较长，难以紧跟科研事业单位改革浪潮。在科研事业单位运营与管理中，财务管理制度是控制和管理的核心，是适应市场经济体制的发展需要，提高单位核心竞争力的重要手段，各科研事业单位需不断完善财务管理制度，从而不断增强自我发展能力，实现效益最大化。但随着国家对科研工作越来越重视以及我国事业单位改革工作的推进，众多国家及省部级层面的相关财务制度相继出台，但由于各科研事业单

位内部管理程序烦琐而无法紧跟国家相关政策脚步，最终导致各单位市场竞争力不断下降。

(2) 预算管理不健全，预算编制合理性较差。首先，由于科研事业单位对于预算编制的认识偏差，常导致预算编制仅成为资金来源的工具，从而只考虑当下科研对资金的需要，未与相应战略发展要求相匹配，缺乏合理性；另外，科研事业单位对预算的执行能力有限，当科研进度和计划发生变动时，无法做到项目预算的及时调整，从而无法形成足够全面的应对措施。

(3) 经费支出及国有资产管理不严，资源浪费情况时有发生。一方面，为支持科技研发，科研事业单位需要大量国有资产作为支撑，但针对国有资产管理的制度却一般无法及时更新；另一方面，由于科技高速发展，设备更新速度较快，众多科研单位存在设备闲置、利用率较低、维护不及时等情况，上述问题极易致使设备折旧加速。

(4) 内部审计制度不完善，审计结果缺乏可靠性。科研事业单位内部审计的首要问题在于其对内部审计工作的重视不足：一方面，由于科研事业单位的经费大多来自国家拨款，单位本身一般不具有生产、经营的性质，因此部分科研事业单位认为内部审计工作并不需要在单位内部开展；另一方面，科研事业单位的内部审计缺乏独立性，内部审计制度的不健全，易造成内部审计机构的设置不完善，缺乏独立性及客观性，因此做出的内部审计结果也常常缺乏真实性和可靠性。

（二）科学事业单位财务管理的问题

(1) 财务管理制度有待完善。目前国家已相继出台众多为科研工作者“松绑”政策，同时科研事业单位经费使用政策已越来越符合科研规律，但由于各科研事业单位内部管理问题，致使相关响应国家政策且适用于本单位的财务管理制度无法及时出台，致使一些单位现实情况离真正“松绑”还有较大差距，不得不把部分心思花在项目经费管理上，部分科研人员不得不去学习更多、更新、更全面的财务知识。

(2) 预算编制人员知识水平局限导致预算编制不合理。预算编制工作，主要分为两类情况：“一类为财会人员编制项目预算情况：由于预算编制人员并非科研一线人员，缺乏了解项目执行过程中存在的一些实际问题，导致预算编制不合理；另一类为科研人员编制项目预算情况：由于科研人员对相应财会知识了解有限，常常导致预算编制虽符合实际情况但不满足财务制度要求的情况发生。”（鞠瑞，2020）

(3) 预算执行缺乏监督与约束由于相关科研人员认识不足，项目分项支出不按预算执行的情况时有发生，科学事业单位在执行预算时，时常未严格按照有关规定执行。

(4) 缺乏合理的会计监督机制。①内部审计岗位未曾设置或缺乏重视。科研事业单位对内部审计岗位缺乏重视，甚至部分单位未曾设置专门的内部审计岗位，致使该岗位无法发挥其监督管理作用。在此过程中，一些审计人员并不具备相应工作资格，致使不能按照相关规定要求执行工作。②项目审计工作落实不严。目前，财务审计的主要工作为查错纠弊、事后监督，因此其所提建议大都是事后补救，缺乏时效。同时造成审计工作给人的印象是在查错误、找证据，由此导致部分被审计单位或项目组消极配合，积极防御，双方关系紧张，乃至造成整个项目审计环境欠佳，严重影响审计工作的正常开展。

三、科学事业单位财务管理的工作建议

（1）继续加强财务管理制度建设。科研事业单位可考虑下放一定财务预算调整及管理权限给项目负责人，用以解决部分项目预料以外的突发情况，增加经费管理的灵活性；各单位财务部门应及时学习和领会上级财务部门相关规章及政策，限时推出适用于本单位的相应制度。

（2）加强预算编制管理工作。一方面科研项目组可考虑以项目助理形式邀请财会人员全程参与科研项目实施，包括项目预算编制、项目经费支出、项目审计结算等事项；另一方面鼓励一线科研人员考取相应财务工作资格证书，加强科研项目实施与财务管理的联系。

（3）加强财务支出与资产管理。首先，需加强科研事业单位一线科研人员和财务管理人员的沟通，一方面使一线科研人员充分理解财务人员的工作职能，并定期在单位内部组织有关财务知识和法律培训，强化财务理念的渗透，营造良好的财务管理氛围；另一方面使财务管理人员对一线科研人员工作情况增进了解，便于共同商讨财务相关问题解决方案。其次，需加强财务知识灌输学习，完善财务经费管理制度，利用其他手段协助科研及财务人员进行项目经费管理（如加强网络财务审批系统建设，细化财务分项管理等）。另外，需加大单位固定资产清查力度，保持不定期抽查，保障资产的完整和安全。切实落实单位资产的监督和管理的规章制度，特别是固定资产的管理，明确双人保管和相互制约的机制。

（4）加强项目审计管理工作建设。首先，要增强责任意识，坚持以财务部门为主，纪检、审计等多部门协作配合的机制开展项目审计管理工作；其次，要加强项目统筹管理，科学制订审计实施方案，加强沟通协调，实现项目实施全过程全链条严密管控、无缝衔接；再次，要增强规范意识，按照相关审计法规、准则、规范等要求，做好审计各环节工作，确保审计质量，防范审计风险；最后，要加强制度建设，进一步建立完善审计业务管理制度，使项目审计工作实现审计流程化、管理科学化，为提高审计质量和效率提供有力支撑。

综上所述，要切实加强科学事业单位财务管理，就要密切关注财政预算经费的执行情况，包括经费的申请、预算的执行、结转结余资金的控制等。尤其是资金使用产生的效益，还有使用过程中的合法性和及时性。在市场经济的新时期，随着事业单位改革的不断深化，只有尽快建立切实可行的财务管理制度，才能带来科学事业单位综合管理水平的提高。

四、科学事业单位财务管理的会计核算

（一）科学事业单位财务管理的收入核算

1. 科学事业单位收入的管理要求

（1）收入来源合法。科学事业单位应当在国家政策允许范围内，严格按国家规定，签订科研项目合同或组织收入，确保各项收入来源合法。

（2）纳入预算管理。科学事业单位各项收入应当纳入单位预算，统一核算，统一管理。取得科研收入、非科研收入及其他各项收入，应及时入账，切实强化核算管理。

（3）执行标准合规。科学事业单位收费范围和标准执行符合国家规定。调整收费范围和标准，应当按照规定程序报经有关部门批准。

（4）使用票据合理。科学事业单位应当按照规定使用财政、税务等部门统一印制的票据。取得的各项收入，凡符合税务部门规定缴税条件和范围的，均应按要求及时足额缴纳各项税费。

（5）收入及时上缴。科学事业单位对按照规定上缴国库或财政专户的资金，应按国库集中收缴的相关规定及时足额上缴，不得隐瞒、滞留、截留、挪用和坐支。

（6）核算范围准确。科研收入和非科研收入均不包括科学事业单位按照部门隶属关系从同级财政部门取得的财政拨款，也不包括从非同级财政部门取得的不属于科研收入的经费拨款。单位按照部门隶属关系从同级财政部门取得的财政拨款属于财政补助收入，单位因开展科研及其辅助活动从非同级财政部门取得的经费拨款属于科研收入，而从非同级财政部门取得的不属于科研收入的经费拨款应纳入其他收入核算。

2. 科学事业单位收入的会计科目设置

科学事业单位共设置七个收入类一级会计科目，具体包括财政补助收入、科研收入、非科研收入、上级补助收入、附属单位上缴收入、经营收入、其他收入。科学事业单位收入科目比一般事业单位多 1 个，主要是事业单位的“事业收入”科目，在科学事业单位制度中被细化为“科研收入”与“非科研收入”两个一级科目，以此体现科学事业单位科研活动的特点，满足单位实际工作的需要。其他的收入类科目设置与事业单位完全一致，但具体的核算略有不同，主要表现在：事业单位的上级补助收入、附属单位上缴收入、经营收入和其他收入，都要求参照“财政补助收入”的核算方式，按照《政府收支分类科目》中“支出功能分类”进行明细核算，而科学事业单位并无此类规定。同时需要注意的是，事业单位从非同级财政部门取得的财政补助收入应纳入其他收入核算，而不能作为事业收入管理；科学事业单位则要区别情况分别处理和核算，其中，因开展科研及其辅助活动从非同级财政部门取得的经费拨款纳入科研收入核算，从非同级财政部门取得的不属于科研收入的经费拨款应纳入其他收入核算，而不能纳入非科研收入核算。

（二）科学事业单位财务管理的支出核算

1. 科学事业单位支出的管理要求

支出是指科学事业单位开展业务及其他活动发生的资金耗费和损失。科学事业单位应按以下要求加强对支出的管理：

（1）科学事业单位支出以收付实现制为主要确认基础，特定情况下采用权责发生制为基础确认。科学事业单位在开展非独立核算经营活动中，应当正确归集实际发生的各项费用；不能归集的，应当按照规定的比例合理分摊。经营支出应当与经营收入配比。

（2）科学事业单位应当将各项支出全部纳入单位预算，建立健全支出管理制度。科学事业单位应当严格执行国家有关财务规章制度规定的开支范围及开支标准；国家有关财务规章制度没有统一规定的，由单位规定，报财务主管部门和财政部门备案。

（3）科学事业单位从财政部门、财务主管部门和其他相关部门取得的有指定项目和用途的专项资金，应当专款专用、单独核算，并按照规定向财政部门、财务主管部门和其他相关部门报送专项资金使用情况；项目完成后，应当报送专项资金支出决算和使用效果的书面报告，接受财政部门、财务主管部门和其他相关部门的检查、验收。科学事业单位应当加强支出的绩效管理，提高资金使用的有效性。

2. 科学事业单位支出的会计科目设置

科学事业单位设有科研支出、非科研支出、支撑业务支出、行政管理支出、后勤保障支出、离退休支出、上缴上级支出、对附属单位补助支出、经营支出和其他支出等10个支出类一级科目，比事业单位多5个。这主要是由于科学事业单位进一步强化了支出明细核算，将事业单位“事业支出”科目细化为“科研支出”“非科研支出”“支撑业务支出”“行政管理支出”“后勤保障支出”及“离退休支出”6个一级科目，更加直观、详尽地反映科学事业单位科研活动的开支情况。

（三）科学事业单位财务管理的资产核算

1. 科学事业单位资产的管理要求

资产是指科学事业单位占有或者使用的能以货币计量的经济资源，包括各种财产、债权和其他权利。科学事业单位的资产包括流动资产、固定资产、在建工程、无形资产和对外投资等，具体如下：

（1）加强流动资产管理。科学事业单位要建立健全现金、各种存款及存货等流动资产的内部控制制度，定期核对现金及各种存款，定期或不定期对存货进行盘点。要对应收及预付款项及时清理，防止形成大量坏账、呆账，影响资产的流动和变现，减缓资产的使用效率。

（2）加强固定资产管理。《事业单位财务规则》未对事业单位计提折旧进行明确规定，只是规定“实行固定资产折旧的事业单位不提取修购基金”。《科学事业单位财务制度》则对单位计提折旧提出了明确的要求，规定“科学事业单位应当对固定资产采用平均年限法或者工作量法计提折旧。文物、陈列品、图书、档案和动植物不计提折旧”，以真实反映固定资产和无形资产的价值，为实施内部成本费用管理打下基础，创造便利条件。同时，科学事业单位固定资产折旧不计入单位支出，对单位的正常支出管理不产生影响。

（3）加强无形资产管理。《事业单位财务规则》未涉及事业单位无形资产摊销问题。《科学事业单位财务制度》明确规定，“科学事业单位应当对无形资产在其使用期限内采用平均年限法进行摊销”。与固定资产折旧的处理一样，无形资产摊销不在单位当期支出中反映，不对单位的正常支出管理造成影响。此外，《科学事业单位会计制度》还同时规定，科学事业单位应当设置“未确认的无形资产登记簿”，将以财政性资金投入的、以取得无形资产为目的的科研项目在通过验收结项后，根据其实际支出金额（不包括发生的注册费、聘请律师费等费用）登记“未确认的无形资产登记簿”。“未确认的无形资产登记簿”的设置，为下一步按权责发生制实行内部研发形成无形资产打下良好的基础。

（4）加强仪器设备管理。由于科学事业单位的科学仪器和设备特别多，科学事业单位应当按照规定建立健全科学仪器、设备等资产共享使用机制，提高资产使用效率。

2. 科学事业单位资产的会计科目设置

《科学事业单位会计制度》共设置18个一级资产类会计科目，而事业单位设置17个一级科目。与事业单位相比，一是增加了充分体现科研活动特点的“科技产品”科目；二是尽管事业单位的“存货”科目与科学事业单位的“库存材料”科目在名称上不同，但不论从概念还是会计核算、明细设置、账务处理上基本相同，因此，两个科目在名称上也完全可以统一起来；三是科学事业单位的“预付账款”增加委托科技项目等内容；四是对于科学事业单位的折旧计提，中华人民共和国财政部《关于执行〈科学事业单位财务制度〉有关问题的通知》（财教〔2014〕10号）对折旧年限进行了具体的规定，而截至目前财政部仍未对一般事业单位的折旧计提作出明确规定；五是科研事业单位的“无形资产”要求设置“未确认无形资产登记簿”。

第二节　医院财务管理工作的开展

医院是社会环境中的特殊组成，它反映一定社会环境下基本的医疗水平及社会服务水平。中华人民共和国成立后，我国的医院从数量到质量，都在不断提升。近年来，随着社会经济的不断发展，国家对医院的投入也在不断增多，特别是医疗体制改革，为医院的发展带来了更多的机会。“医院财务管理工作是医院管理工作的重要组成部分，是医院正常运营的保障。”（石琳，2022）受现代管理理论体系的影响，医院管理工作在不断完善，相应地，医院财务管理工作也在从探索向稳定和成熟的方向发展。对财务管理工作的重视程度也在不断提高。

一、医院会计的认知

医院是不以营利为目的的公益性事业单位。医院会计是以货币为计量单位，对医疗服务过程中运用的经济资源及其成果进行系统地记录、核算、分析，并做出预测，参与决策，实施监督的一项经济管理活动。医院会计制度是我国预算会计体系的重要组成部分，也是公立医院一项重要的管理制度，其在会计主体、会计对象、会计核算等方面具有区别于企业和一般事业单位的明显特点。医院会计主要有以下特点：

（1）增加与财政预算改革相关的核算内容。我国全面实施政府收支分类改革，原制度中的科目设置明显滞后，不能与改革政策进行有机的衔接，给医院和医院会计信息的使用者带来不便。为此，现行制度增加了与国库集中支付、政府收支分类、部门预算等财政预算改革相关的会计核算内容，与财政预算管理体制的改革相呼应。

（2）计提固定资产折旧和进行无形资产摊销。公立医院是较为特殊的事业单位，一般事业单位使用的收付实现制很难适应医院复杂经济活动和正常运行的需要。原制度按照固定资产原值的一定比例从支出中提取修购基金，用于固定资产的大型修缮和更新，这就造成固定资产长期按原值在资产负债表中反映，导致资产价值虚增。为此，制度取消了“固定基金”和“修购基金”科目，明确规定对医院固定资产（图书除外）计提折旧，对无形资产实行摊销，以反映资产因使用中的消耗而发生的价值减少，进而真实地反映资产价值。同时规定在计提固定资产折旧时，要区分不同的资金来源进行不同的会计处理。

（3）合并医疗、药品收支核算。原制度将医院提供医疗服务取得的收入和发生的支出划分为医疗收支和药品收支，管理费用于每期期末按照一定比例在医疗支出、药品支出之间分摊。这种处理机械地把药品收支从医疗收支中割裂出来，同时造成了医疗药品收支不能配比。因此，现行会计制度将“医疗收入”与“药品收入”合并为“医疗收入”科目，将“医疗支出”和“药品支出”合并为“医疗支出”科目，同时增设了“药事服务费”明细科目，取消了“药品进销差价”科目，实现了医疗收支的配比。

(4) 将基建账数据并入“大账”。长期以来，医院基本建设执行《国有建设单位会计制度》，单独建账，单独核算，基建会计核算始终游离于医院会计“大账”之外，医院的会计信息无法包含基本建设的核算数据。现行制度要求，医院按国家有关规定单独核算基本建设投资的同时，要定期将基建账相关数据合并入医院会计“大账”，以实现医院会计核算的全面与完整。

(5) 优化净资产类科目的核算。对净资产类科目的核算做了四个方面的调整和优化：①增设“待冲基金”科目。待冲基金用来反映医院财政补助资金和科教项目资金资本化支出形成的长期资产净值。②取消“固定基金”科目。原制度下的固定基金转变为两部分，由财政补助资金和科教项目资金形成的长期资产净值，在待冲基金中反映；由医院自有资金形成的长期资产净值，在事业基金中反映。③在“专用基金”下增设“医疗风险基金”明细科目。医院按照一定比例提取医疗风险基金，专门用于支付医院购买医疗风险保险发生的支出或实际发生的医疗事故赔偿的资金。④取消“专用基金”下的“修购基金”明细科目。对医院除图书外的固定资产计提折旧，相应取消修购基金，增设“累计折旧”科目作为固定资产的备抵科目。

(6) 改进医疗成本归集核算体系。原制度关于成本核算的相关规定比较笼统，对于成本核算对象、核算范围、核算方法等缺乏统一的规定，造成各医院成本核算口径不一，成本信息没有可比性。现行制度将医院的成本核算分为科室成本核算、医疗服务项目成本核算、病种成本核算、床日和诊次成本核算，要求在“医疗业务成本”科目下按照费用项目对具体科室进行明细核算，归集直接成本，这一规定进一步细化了科室成本核算，规范了医院的成本管理，为医院的成本控制和分析提供了有效依据。

(7) 完善财务报告体系。增加了现金流量表、财政补助收支情况表和报表附注，规定了财务情况说明书至少应包括的内容，特别是提供了作为财务情况说明书附表的成本报表的参考格式，使医院的财务报告体系更为完整，以更好地满足医院财务管理、成本管控、绩效评价等多方面的信息需求。同时制度规定，医院对外提供的年度财务报告应按规定经过注册会计师审计，这一规定确保了医院会计制度的有效实施，健全了医院会计的监督体系。

二、医院财务管理工作的重要性

医院财务管理工作的开展，得益于现代企业管理理论的不断完善，也得益于医院体制的不断完善。不管是对于医院而言，还是对于社会发展而言，医院财务管理工作的开展都具有一定的重要性。

(1) 医院财务管理工作的开展可以保证国家资金应用的科学性。医院属于差额拨款的事业型单位，所以，医院的资金有一部分来源于国家拨款，是国有资产的应用，这正是医院资金的差额拨款性质，但这也导致在医院的日常运营中资金的浪费、不合理使用等现象的出现。通过对过去医院财务情况的分析可以发现，在医院财务活动中，存在着医院职工构成混乱、医院人员工资结构及工资支出问题，医院日常开销明显高于市价等，这些问题的存在，都直接导致国家资金使用浪费，给国家资产带来一定程度的损失。通过医院财务管理工作的开展，可以有效地规划医院资金的使用，同时对资金的使用过程进行监督，及时解决财务工作中存在的问题，这都在一定程度上保证了国家资金的科学应用。所以，医院财务管理工作的开展可以保证国家资金使用的科学性，这也是医院财务管理工作的必要性体现之一。

(2) 医院财务管理工作的开展可以保证医院运营的有效性。医院的有效运营是财务管理的直接目的，财务管理工作的开展，其必要性之一就是保证医院运营的有效性。一般而言，医院的工作只在于正常的救治医疗，而对其他管理工作相对忽视，这就很容易导致内部制度及工作开展出现问题。医院财务管理工作的开展，首先，可以有效调配医院资金的应用，避免资金被非法应用，有效降低医院损失；其次，医院财务管理工作本身包含一定的薪酬制度、报销制度等，这些制度直接关系员工的切身利益，财务管理的目的之一就是保障员工利益，为员工提供公开的资金制度支持，这就可以保障员工工作的积极性，避免员工因情绪变化带来的消极工作的影响，自然对医院运营有一定的帮助；最后，医院财务工作在本质上，仍然是医院管理工作的内容，所以，医院财源管理工作的开展，实际仍然是对医院管理工作的协调和帮助，而医院管理工作的直接作用就是为医院工作提供稳定有序的工作环境。由此，医院财务工作是医院工作开展的基本保障之一。

(3) 医院财务管理工作的开展可以为社会医疗水平提升提供保障。社会医疗保障是评价一个国家基础保障水平的重要标准之一，而提升社会医疗水平，离不开医院财务管理工作的开展。医院财务管理工作对医院运营具有重要价值，而医院有效运营是提高社会医疗水平的基础。社会医疗水平的提高，最主要的是依托专业医疗队伍的形成及专业技术设备的保障，而这两项内容，都直接受医院财务管理工作的影响。医院财务管理工作的开展，可以为专业医疗人员提供资金保证和工作激励，能够提高医疗人员的工作积极性，进而促进医疗人员为医疗水平提高做更大的贡献。同时，医院财务管理工作的开展还可以为医疗设备的完善提供更多资金保障。

三、医院财务管理工作的开展策略

（一）优化医院财务管理工作制度

优化医院财务管理工作制度，是做好医院财务管理工作的根本要求。完善医院财务管理工作制度，可以从以下方面着手：

(1) 建立健全财务管理人员岗位调配制度。结合医院财务管理工作的需求，明确医院财务管理工作需要的岗位，并结合岗位确定具体工作人员，保证“人人有岗，岗岗有人”，如此一来，可以更好地明确工作职责，落实工作安排，针对出现的问题，可以第一时间明确责任人。

(2) 建立健全明确的工作对接机制。在财务管理工作中，包含较多的工作环节及工作内容，涉及不同环节、不同人员在工作中的对接，如果工作对接机制不健全，很容易产生“缺口工作”，有些工作内容没有明确的负责人，最终也会影响医院的工作效率，导致财务管理工作的作用不能正常发挥。

（3）建立明确的资金管理制度。财务管理的核心仍然是财务，在医院的日常工作中，资金往来相对比较简单，如收入方面以医疗诊治及医药出售为主，支出方面以人员薪金及药物设备采购等为主。在这样的情况下，财务管理工作往往会忽视针对专门的资金往来的制度。在健全医院财务管理工作制度上，也应将此纳入制度中，且应当尽量明确和细化。通过完善医院财务管理工作制度实现医院财务管理活动的有效开展，是医院工作的重要内容。

（二）创新医院财务管理工作方式

创新是事物发展的原动力，在现代社会环境下，创新应当渗透到各行各业的发展中，医院财务管理工作也不例外。当前环境下，医院财务管理工作在工作方式上，仍然以传统的管理为主，相对落后，所以，做好医院财务管理工作，就需要在创新管理方式上给予重视。创新管理方式有以下方面：

（1）充分利用现代计算机技术及大数据平台。医院财务管理工作更多的是对资金活动的管理，不管是从医院自身工作需求的角度，还是从医院所处的社会环境出发，都需要医院在财务管理工作中引入现代技术。特别是与医院对接的企业，都已经应用现代技术管理，所以创新医院财务管理工作，就离不开现代科学技术。此外，大数据环境是今天社会环境的重要特征，医院财务管理工作，同样可以充分利用大数据平台。

（2）充分发挥医院自身条件优势，将财务管理工作系统化、类别化，在管理方式上，注重对医院特殊性的考虑。

（3）在管理方式创新方面，可以适当借鉴企业财务管理活动，医院虽不是普通企业，但在现代市场环境下，医院面临的竞争及工作条件等与一般企业之间的相同点越来越多，而企业的财务管理工作相对比较成熟，所以医院财务管理工作可以适当借鉴。

（三）丰富医院财务管理工作的内容

具体而言，丰富医院财务管理工作的内容，主要需要做好两方面工作：一方面要与时俱进，实现医院工作内容与社会发展的同步。充分立足医院所处的社会环境，结合社会需求及社会环境变化调整医院财务工作。另一方面要立足医院发展需求，丰富医院财务管理工作内容，不同的医院，在具体的工作内容上会有差异，所以在日常财务工作中，也会有一定的不同。

综上所述，医院财务管理工作的开展，关系到医院工作的有序运行，关系到医院在竞争环境下的发展，更关系到一个国家医疗改革工作的推进和医疗水平的整体提升。以医院工作为基础，结合社会发展需求开展医院财务管理工作是未来医院工作中的重要内容。做好医院财务管理工作不是朝夕就可以完成的，也不是个别工作改变就可以实现的，但随着社会环境改变，医院财务管理工作在人员保障及制度保障上跟进后，其工作效能自然将会有更大的发挥。

四、医院财务管理的会计核算

（一）医院财务管理的收入核算

1. 医院收入的特征

医院收入是指医院开展医疗服务及其他活动依法取得的、导致本期净资产增加的经济利益或服务潜力的流入。医院收入具有以下特征：

（1）医院收入是开展医疗活动及其他活动时依法取得的。医院的业务活动包括为患者提供医疗服务、为提高医疗水平而开展的临床科研、教学和人才培训等。医院收入的主要来源是为病人提供医疗服务后获得的医疗收入、财政补助收入、科教补助收入等，其取得必须符合国家有关法律、法规和制度的规定。

（2）医院收入将引起资产的增加或负债的减少，并最终导致净资产的增加。如医院取得医疗收入会引起银行存款的增加，或引起预收医疗款的减少，或同时增加银行存款并减少预收医疗款，最终会导致本期净资产的增加。

（3）医院收入是非偿还性资金。即医院取得的各项收入是不需要偿还的，可以用来安排业务活动和其他活动。

2. 医院收入分类

（1）医疗收入，是指医院开展医疗服务活动取得的收入，包括门诊收入和住院收入。其中，门诊收入是指为门诊病人提供医疗服务所取得的收入，包括挂号收入、诊察收入、检查收入、化验收入、治疗收入、手术收入、卫生材料收入等；住院收入是指为住院病人提供医疗服务所取得的收入，包括床位收入、诊察收入、检查收入、化验收入、治疗收入、手术收入、护理收入等。

（2）财政补助收入，是指医院按部门预算隶属关系从同级财政部门取得的各类财政补助收入，包括基本支出补助收入和项目支出补助收入。其中，基本支出补助收入是指由财政部门拨入的符合国家规定的离退休人员经费、政策性亏损补贴等经常性补助收入；项目支出补助收入是指由财政部门拨入的主要用于基本建设和设备购置、重点学科发展、承担政府指定公共卫生任务等的专项补助收入。

（3）科教项目收入，是指医院取得的除财政补助收入外专门用于科研、教学项目的补助收入。

（4）其他收入，是指医院开展医疗业务、科教项目之外的活动所取得的收入，包括培训收入、租金收入、食堂收入、投资收益、财产物资盘盈收入等。

3. 医院收入的内容及核算

（1）医疗收入。会计科目设置。医院应设置“医疗收入”科目，核算医院开展医疗服务活动取得的门诊收入和住院收入。

主要账务处理。医疗收入应按照权责发生制基础予以确认，即在提供医疗服务并收讫价款或取得收款权利时，按照国家规定的医疗服务项目收费标准计算确定的金额确认入账。医院给予病人或其他付费方的折扣不计入医疗收入。

（2）财政补助收入。会计科目设置。医院应设置“财政补助收入”科目，核算医院按部门预算隶属关系从同级财政部门取得的各类财政补助。

“财政补助收入”科目下应设置“基本支出”和“项目支出”两个一级明细科目进行明细核算。“基本支出”明细科目核算医院由财政部门拨入的符合国家规定的离退休人员经费、政策性亏损补贴等经常性项目支出。明细科目核算医院由财政部门拨入的主要用于基本建设和设备购置、重点学科发展、承担政府指定公共卫生任务等的专项补助。

主要账务处理。

第一，财政直接支付方式下，按照财政直接支付金额，借记“医疗业务成本”“财政项目补助支出”等科目，贷记“财政补助收入”科目；对于购建固定资产、无形资产或购买卫生材料等库存物资而由财政直接支付的支出，同时借记“在建工程”“固定资产”“无形资产”“库存物资”等科目，贷记“待冲基金——待冲财政基金”科目。年度终了，医院根据本年度财政直接支付预算指标数与当年财政直接支付实际支出数的差额，借记“财政应返还额度——财政直接支付”科目，贷记“财政补助收入”科目。

第二，财政授权支付方式下，按照财政授权支付到账额度金额，借记“零余额账户用款额度”科目，贷记“财政补助收入”科目。年度终了，医院本年度财政授权支付预算指标数大于零余额账户用款额度下达数的，借记“财政应返还额度——财政授权支付”科目，贷记“财政补助收入”科目。

第三，其他方式下，应在实际取得财政收入时，按照实际收到的金额，借记“银行存款”等科目，贷记“财政补助收入”科目。

第四，期末，将“财政补助收入”科目的贷方余额分别转入本期结余和财政补助结转（余）。按本科目（基本支出）的贷方余额，借记“财政补助收入——基本支出”科目，贷记“本期结余”科目；按本科目（项目支出）的贷方余额，借记“财政补助收入——项目支出”科目，贷记“财政补助结转（余）——财政补助结转（项目支出结转）”科目。

（3）科教项目收入。会计科目设置。医院应设置“科教项目收入”科目，核算医院取得的除财政补助收入外专门用于科研、教学项目的补助收入。

主要账务处理。

第一，取得财政补助收入以外的科研、教学项目资金时，按收到的金额，借记“银行存款”等科目，贷记“科教项目收入”科目。

第二，期末，将“科教项目收入”科目的贷方余额转入科教项目结转（余），借记“科教项目收入”科目，贷记“科教项目结转（余）”科目。

(4) 其他收入。会计科目设置。医院应设置“其他收入”科目，核算医院除医疗收入、财政补助收入、科教项目收入以外的其他收入，包括培训收入、食堂收入、银行存款利息收入、租金收入、投资收益、财产物资盘盈收入、捐赠收入、确实无法支付的应付款项等。医院应按照其他收入的种类设置明细账，进行明细核算。其中，医院对外投资实现的投资净损益，应单设“投资收益”明细科目进行核算。

主要账务处理。其他收入中，固定资产出租收入、投资收益等一般按照权责发生制基础予以确认，其他收入一般在实际收到时予以确认。

第一，取得培训收入、食堂收入、银行存款利息收入等时，按照实际收到的金额，借记“库存现金”“银行存款”等科目，贷记“其他收入”科目。

第二，固定资产出租收入，在租赁期内各个期间按直线法确认收入。预付租金方式下，收到预付租金时，借记“银行存款”等科目，贷记“其他应收款”科目；分期确认租金收入时，借记“其他应收款”科目，贷记“其他收入”科目。后付租金方式下，每期确认租金收入时，借记“其他应收款”科目，贷记“其他收入”科目；实际收到租金时，借记“银行存款”等科目，贷记“其他应收款”科目。分期收取租金方式下，每期收取租金时，借记“银行存款”等科目，贷记“其他收入”科目。

第三，投资收益。①短期投资持有期间收到利息等投资收益时，按实际收到的金额，借记“银行存款”等科目，贷记“其他收入——投资收益”科目；到期收回（或出售）短期债券本息，按实际收到的金额，借记“银行存款”科目，按短期投资成本，贷记“短期投资”科目，按其差额，借记或贷记“其他收入投资收益”科目。②长期股权投资持有期间，被投资单位宣告分派利润时，按照宣告分派的利润中属于医院应享有的份额，借记或贷记“长期投资——股权投资”科目，按照尚未领取的已宣告分派的利润，贷记“其他应收款”科目，按照其差额，借记或贷记“其他收入——投资收益”科目。③持有的长期债券投资，应在债券持有期间按照票面价值与票面利率按期计算确认利息收入，如为到期一次还本付息的债券投资，借记“长期投资——债权投资——收利息”科目，贷记“其他收入——投资收益”科目；如为分期付息、到期还本的债券投资，借记“其他应收款”科目，贷记“其他收入——投资收益”科目；出售长期债权投资或到期收回长期债权投资本息，按照实际收到的金额，借记“银行存款”等科目，按照债券初始投资成本和已计未收利息金额，贷记“长期投资——债权投资——成本、应收利息”科目(到期一次还本付息债券)，或“长期投资——债权投资”“其他应收款”科目（分期付息债券），按照其差额，贷记或借记“其他收入——投资收益”科目。

第四，盘盈的固定资产、库存物资等，在经批准处理时，借记“待处理财产损溢”科目，贷记“其他收入”科目。

第五，接受捐赠的资产，按照同类或类似资产的市场价格或有关凭证注明的金额加上相关税费，借记“银行存款”“库存物资”“固定资产”等科目，按发生的相关税费金额，贷记“银行存款”等科目，按其差额，贷记“其他收入”科目。

第六，确实无法支付的应付款项，按照经批准核销的金额，借记“应付账款”“其他应付款”科目，贷记“其他收入”科目。

第七，期末，将“其他收入”科目余额转入本期结余，借记“其他收入”科目，贷记“本期结余”科目。

（二）医院财务管理的费用核算

1. 医院费用的特征

医院费用是指医院为开展医疗服务及其他业务活动所发生的、导致本期净资产减少的经济利益或者服务潜力的流出。医院费用具有以下两个特征：

（1）费用会引起资产减少或者负债增加（或者两者兼而有之），并最终将导致医院资源的减少，包括经济利益的流出和服务潜力的降低。具体表现为，医院在开展医疗服务及其他活动过程中发生的资产、资金耗费和损失，如医院卫生材料的消耗、固定资产价值的损耗等均构成费用。

（2）费用将导致本期净资产的减少。只有在导致某一会计期间净资产减少时，才能确认为一项费用。如医院以银行存款偿还一项应付账款，引起资产和负债同时减少，并没有影响净资产，所以此项资产流出不构成费用。

2. 医院费用分类

（1）按功能分类。按照费用的功能分类，医院费用分为医疗支出、财政项目补助支出、科教项目支出、管理费用和其他支出。

医疗支出是指医院在开展医疗服务及其辅助活动中发生的支出，包括人员经费、耗用的药品及卫生材料费、计提的固定资产折旧、无形资产摊销、提取医疗风险基金和其他费用，不包括财政补助收入和科教项目收入形成的固定资产折旧和无形资产摊销。

财政项目补助支出，是指医院利用财政补助收入安排的项目支出。

科教项目支出，是指医院利用科教项目收入开展科研、教学活动发生的支出。

管理费用，是指医院行政及后勤管理部门为组织、管理医疗和科研、教学业务活动所发生的各项费用，包括医院行政及后勤管理部门发生的人员经费、耗用的材料成本、计提的固定资产折旧、无形资产摊销，以及医院统一管理的离退休经费、坏账损失、利息支出、印花税、房产税、车船税和其他公用经费，不包括计入科教项目、基本建设项目支出的管理费用。

其他支出，是指医院上述项目以外的支出，包括出租固定资产的折旧及维修费、食堂支出、罚没支出、财产物资盘亏和毁损损失等。

（2）按性质分类。为了加强内部管理，医院支出还可以按照费用的性质分类，并将费用的功能分类与性质分类结合起来。医疗支出按照费用性质分类包括人员经费、卫生材料费、药品费、固定资产折旧费、无形资产摊销费、提取医疗风险基金和其他费用；管理费用按照费用性质分类包括人员经费、固定资产折旧费、无形资产摊销费和其他费用。

（3）按核算科室的类别分类。按核算科室的类别分类，医院费用可以划分为临床服务类科室成本、医疗技术类科室成本、医疗辅助类科室成本、行政后勤类科室成本。

（三）医院财务管理的成本核算

随着我国医药卫生体制改革的推进，政府对医院的补偿机制正在发生变化。这就要求医院应通过成本核算和分析，改革内部运营管理机制，控制和降低医院成本，不断提高资金的使用效率。有效实施成本的管理与核算，对于提高医院服务效率，合理控制医疗费用，增强医院在医疗市场中的竞争力具有重要意义。

1. 医院成本核算分类

成本核算是医院成本管理的基础，也是医院科学管理的重要手段，具体是指医院将其业务活动中所发生的各种耗费按照核算对象进行归集和分配，计算出总成本和单位成本的过程。

《医院财务制度》规定，根据核算对象的不同，成本核算可分为科室成本核算、医疗服务项目成本核算、病种成本核算、床日和诊次成本核算，成本核算一般应以科室、诊次和床日为核算对象，三级医院及其他有条件的医院还应以医疗服务项目、病种等为核算对象进行成本核算。同时，开展医疗全成本核算的医院，应将财政项目补助支出所形成的固定资产折旧、无形资产摊销纳入成本核算范围；开展医院全成本核算的医院，还应在医疗成本核算的基础上，将科教项目支出形成的固定资产折旧、无形资产摊销纳入成本核算范围。

2. 医院成本核算的方法

（1）医院科室成本核算。医院科室成本核算是指将医院业务活动中的各种耗费以科室为核算对象进行归集和分配，计算出科室成本的过程。

医院核算科室分类。为了对医院科室的成本进行核算，根据《医院财务制度》的规定，将医院科室区分为以下类别:

第一，临床服务类科室，是指直接为病人提供医疗服务，并能体现最终医疗结果、完整反映医疗成本的科室，如门诊、病房等。

第二，医疗技术类科室，是指为临床服务类科室及病人提供医疗技术服务的科室。该类科室只是提供医疗服务过程中的中间服务，并不体现医疗服务的最终结果，如检验科、放射科等。

第三，医疗辅助类科室，是指服务于临床服务类和医疗技术类科室，为其提供动力、生产、加工等辅助服务的科室，如病案资料室、消毒供应室等。

第四，行政后勤类科室，是指除临床服务、医疗技术和医疗辅助科室之外的从事院内外行政后勤业务工作的科室，如医务处、护理部等。

医院科室的成本核算步骤。

第一，设置核算科室和核算单元。根据医院科室成本核算的要求设置成本核算科室，在科室之下，还需要确定核算单元，核算单元是成本核算的最小单位。例如，临床服务类的科室应将门诊、病房、临床检查室等作为核算单元进行核算。

第二，设置科室编码。根据核算科室的性质与分类，设置核算科室的编码，将临床服务类、医疗技术类、医疗辅助类和行政后勤类科室的编码设置为同一级，并在该分类下面设置相应的二级、三级及以下核算编码。

第三，归集科室成本数据。《医院财务制度》规定，通过健全的组织机构，按照规范的统计要求及报送程序，将支出直接或分配归属到耗用科室，形成各类科室的成本。成本按照计入方法分为直接成本和间接成本，科室成本的归集分两种情况：一种情况是为开展医疗服务活动而发生的能够直接计入科室的各种支出，如人员支出、设备折旧等，按照实际耗用情况，计入科室成本。对于科室有自己的用水、用电记录的，水电费应直接计入科室成本。另一种情况是为开展医疗服务活动而发生的不能直接计入、需要按照一定原则和标准分配计入科室的各项支出，即公摊成本。公摊成本包括房屋维修费、取暖费、水电费（科室无用水用电记录时），分摊的标准可以采用房屋面积、人员比例或仪器设备占用等指标。

第四，分摊科室成本。《医院财务制度》规定，各类科室成本应本着相关性、成本效益关系、重要性等原则，按照分项逐级分步结转的方法进行分摊，最终将所有成本转移到临床服务类科室。

科室成本的分摊流程可以分为三个步骤：一是分摊管理费用。将行政后勤类科室的管理费用向临床服务类、医疗技术类和医疗辅助类科室分摊，分摊参数可采用人员比例、内部服务量、工作量等。二是分摊医疗辅助成本。将医疗辅助科室成本根据医疗辅助科室提供服务的对象，向临床服务类和医疗技术类科室分摊，分摊参数可采用人员比例、内部服务量、工作量等。三是分摊医疗技术科室成本。将医疗技术科室成本，根据其提供服务的对象，分别分摊到临床服务类科室。分摊参数可采用工作量、业务收入、房屋面积等。

（2）医疗服务项目成本核算。医疗服务项目成本核算是以各科室开展的医疗服务项目为对象，归集和分配各项支出，计算出各科室所开展医疗服务项目的单位成本。可以看出，它是围绕某一服务项目所发生的成本进行审核、记录、汇集和分配的过程。

科室成本核算是项目成本核算的基础。医疗服务项目成本核算的方法是将临床服务类、医疗技术类、医疗辅助类科室的医疗成本向其提供的医疗服务项目进行归集和分摊，分摊的参数可采用各项目收入比、工作量等。具体有以下步骤：

第一步：归集医疗服务项目直接成本。即收集可直接归集到各医疗服务项目的费用，如人员经费、设备折旧、卫生材料费等。

第二步：分摊医疗服务项目其他成本。即将项目开展科室的医疗成本按照一定方法分摊至服务项目。一般而言，成本分摊系数包括收入分配系数、工作量分配系数和操作时间分配系数。收入分配系数是指某服务项目年医疗收入占该项目所在科室总医疗收入的百分比；工作量分配系数是指某服务项目工作量占该项目所在成本科室总工作量的百分比；操作时间分配系数是指某项目的操作时间占该项目所在科室总操作时间的百分比。

第三步：汇总医疗服务项目成本。由于项目成本核算的工作量较大，通常以年为单位进行核算，将项目消耗的人员经费、设备折旧、卫生材料费等直接成本，加上项目开展科室的成本分摊额，得出该服务项目的年总成本，再根据年工作量计算出该服务项目的单位成本。

（3）病种成本核算。病种成本核算是以病种为核算对象，按一定流程和方法归集相关费用计算病种成本的过程，它是医院成本核算的重要组成部分，也是医疗保险制度不断变化的客观需要。目前，在我国的部分医院已经开始单病种收费，医院的单病种成本核算有着极其重要的现实意义。

病种成本核算的方法是将为治疗某一病种所耗费的医疗项目成本、药品成本及单独收费材料成本等进行叠加，进而形成单病种的成本。

项目成本核算是病种成本核算的基础。在开展了项目成本核算的医院，进行病种成本的核算，应以临床路径为基础来进行，即先确定病种及它的临床路径，再根据临床路径确定临床服务项目，计算出项目成本，最后将临床路径中的所有项目成本、单独收费材料成本和药品成本相加，得出单病种成本。

第三节 基层医疗卫生机构的财务管理

财务管理虽然不会直接参与到基层医疗卫生机构的整体管理中，但是对于整个基层医疗卫生机构的运行有着极大的影响，既是推动基层医疗卫生机构业务活动的动力，也是基层医疗卫生机构业务活动量化的总结。“我国对于基层医疗卫生机构的投入也在日益增加，良好的财务管理能够将资金投入进行更加充分的利用，使基层医疗卫生机构获得更有力的财务支持，在经济效益和社会效益方面也都能够有所提高。”（马世红，2021）

一、基层医疗卫生机构财务管理的重要意义

（1）保障医疗卫生机构的正常运行。为广大城乡居民提供高质量的医疗服务是基层医疗卫生机构的主要目的，医疗资金的合理利用能够使医疗服务获得人力和物力的支持，保障基层医疗卫生机构的正常运行，所以财务管理水平的高低会在一定程度上影响医疗服务水平的高低，这就要求财务管理在理念和方法上必须具备足够的专业性，避免财务管理对医疗服务的不良影响。

（2）提升基层医疗卫生机构的管理能力。基层医疗卫生机构具备完善的运行机制，为了保持稳定和可靠的运行状态，必须要通过管理部门对各部门的运行情况进行科学管理。财务管理与机构各部门的运行都有着密切的相关性，基于专业的财务管理不仅能够促进财务部门的良好运行。同时，推动各部门的良好运行，还能够在管理方面促进基层医疗卫生机构管理能力的提升。

二、基层医疗卫生机构财务管理存在的问题

（1）缺乏科学的资金预算。资金预算在财务管理中有着重要的指导和约束作用，科学的资金预算需要对基层医疗卫生机构的资金和需求情况做到详细的掌握，再通过合理规划使资金得到更加充分的利用，并切实满足基层医疗卫生机构的资金需求。但在部分基层医疗卫生机构的财务管理中，对于资金的使用过于随意，没有做好科学的资金预算，对于资金和需求情况不够了解，会导致资金无法满足需求的现象，影响到机构的正常运行，也容易发生超支现象，使基层医疗卫生机构的经济效益和社会效益受到较大影响。通常是由于财务部门作为资金预算编制的主要部门，过度依赖增量的资金预算编制方法，对于其他医疗科室的情况了解不足，对于相关药品和设备的情况也了解不足，使资金预算编制缺乏合理性，无法在实际的工作中发挥出资金预算的作用。

（2）缺乏规范的固定资产管理。在进行固定资产管理时，既需要建立起完善的固定资产管理制度，也需要严格按照固定资产管理制度执行，但在部分基层医疗卫生机构的财务管理中，并没有建立起完善的固定资产管理制度，导致固定资产管理混乱，部分固定资产无人监管，长期闲置，既导致财务管理无法有效执行，又导致基层医疗卫生机构的财务损失。

（3）缺乏专业的财务管理人员。财务管理具有极强的专业性，财务管理人员必须具备足够的财务管理专业能力，以及相应的财务管理素质能力，但在部分基层医疗卫生机构的财务管理中，领导不重视财务管理工作，不重视财务人员的专业技术能力培养，在专业能力等部分存在严重的不足，根本无法采用科学的财务管理方法进行管理，在素质能力方面的不足也会增加基层医疗卫生机构的财务风险，使财务管理水平严重下降。

（4）缺乏有效的财务管理监管。基层医疗卫生机构财务管理关系着整个机构的经济效益，为了确保财务管理的安全性，必须对财务管理进行有效的监管，消除在财务管理过程中可能存在的风险隐患。但部分基层医疗卫生机构的财务管理缺乏有效的监管机制，如在进行采购、保管、入库和出库等环节时，都只由一个人负责，并未设置审核环节，对于票据的保管、领用和核销部分也没有设置专人管理，一人身兼数职，极容易产生财务混乱的现象。

（5）缺乏信息化管理技术。信息化是现代化管理体制中的重要措施，信息化能够改善人工效率低、误差率高等缺点，使财务管理更加高效和精确。但是在部分基层医疗卫生机构财务管理中，因资金、技术条件限制，大量会计数据仍需手工录入财务系统，不仅导致财务管理的工作量有增无减，也难以适应新制度下的会计核算要求，无法保障会计信息的完整性和全面性，阻碍基层医疗卫生机构财务管理水平的提高。

三、基层医疗卫生机构财务管理的优化策略

（一）增强资金预算管理的科学性

（1）增强对资金预算管理重要性的意识培养，不仅促进财务管理人员对资金预算的全面认知，也促进其他部门对资金预算的全力配合，使财务管理能够更加全面与合理，更能够符合基层医疗卫生机构的资金使用需求。

（2）建立科学的资金预算组织结构。需要根据基层医疗卫生机构的实际建立组织结构，通常包括院长办公室、预算工作办公室、职能部门和临床科室等多个层次，使资金预算的覆盖更加全面和深入，避免在资金预算中可能产生的漏洞或超支等问题。

（3）采用科学方法编制资金预算。必须充分考虑到医疗行业的特点和管理等各方面的需求，严格遵循经济活动规律，通过零基预算、增量预算、固定预算等科学方法，进行科学的资金预算编制，这样才能够使资金得到更加充分的利用，进而保障基层医疗卫生机构的良好运行。

（二）加强固定资产管理的有效性

（1）对基层医疗卫生机构当前的固定资产情况做好清理排查，可以由各部门先进行自查，再由财务部门在监管之下对固定资产情况进行核对，掌握固定资产的详细情况。

（2）制定完善的固定资产管理制度，并严格按照相关会计法规对固定资产进行科学处理。

（3）建立固定资产管理岗位，以基层医疗卫生机构的实际情况为主要依据，进行固定资产的购置、使用、维护和处置等管理，使固定资产管理能够更加符合基层医疗卫生机构的管理需求，提高有效性。

（三）强化财务管理监管的权威性

财务管理需要严格按照相关的法规和制度进行，在财务管理的各个环节中，通过审核岗位和环节的设置能够达到事前监督、事中控制和事后防范的监管效果，起到较好的监管作用，有助于财务管理职责明确，使财务管理能够始终处于严格的监管之下，避免管理工作中可能存在的问题，更好地保障基层医疗卫生机构的经济效益和社会效益。

（四）加强财务管理人员的专业性

首先是在财务管理人员的选拔任用环节中，加强对专业和素质能力的考察，确保财务管理人员能够符合工作要求。其次是在财务管理工作中，通过参加专业知识培训讲座，结合工作实际，对财务管理人员进行定期业务培训，促进财务管理人员对财务管理知识和经

验的学习，并对财务管理知识和经验做到有效掌握，进而在财务管理中进行更多的分析和优化，对于其中存在的问题能够更好地解决，有助于推动财务管理水平的提高。

（五）增强信息化技术的实用性

信息化技术在基层医疗卫生机构财务管理中的应用能够发挥出多种技术优势，更好地推动财务管理的进行。但需要先加强对信息化技术的了解，再根据基层医疗卫生机构的财务管理需求应用财务管理软件，然后组织财务管理人员学习财务管理软件的使用方法，并从整体上完善财务管理机制，使信息化技术更好地融入财务管理中。同时加大信息化技术的覆盖范围，使各部门人员之间的沟通更加便利，更大程度地加强财务管理的效率。还应根据财务管理人员不同的岗位职责，在管理软件中进行不同的权限设置，通过对管理人员的操作限制保障财务管理的安全性。对于管理软件中存储的大量财务数据也要做好备份和维护，这有利于对整个财务管理内容的监管。

综上所述，基层医疗卫生机构财务管理需要注重财务和医疗两个方面的特性，因此对于财务管理水平的要求也更高。通过对实际财务管理中存在的问题进行分析，掌握发生问题的原因并有针对性地予以改善，能够使财务管理更加符合基层医疗卫生机构的财务管理需求，有助于基层医疗卫生机构更加长远的发展。

四、基层医疗卫生机构财务管理的会计核算

（一）基层医疗卫生机构财务管理的收入核算

收入是指基层医疗卫生机构开展医疗卫生服务及其他活动依法取得的非偿还性资金。

1. 基层医疗卫生机构收入的特征

基层医疗卫生机构的收入具有三个特征：第一，基层医疗卫生机构收入是开展医疗卫生服务及其他活动时，从财政、社会保险机构、病人等多种渠道取得的。第二，基层医疗卫生机构收入必须是依法取得的。第三，基层医疗卫生机构的收入是非偿还性资金。

2. 基层医疗卫生机构收入分类

（1）医疗收入，是指基层医疗卫生机构在开展医疗卫生服务活动中取得的收入，包括门诊收入和住院收入。

（2）财政补助收入，是指基层医疗卫生机构从财政部门取得的基本建设补助收入、设备购置收入、人员经费补助收入和公共卫生服务补助收入等。

（3）上级补助收入，是指基层医疗卫生机构从主管部门和上级单位等取得的非财政补助收入。

（4）其他收入，是指基层医疗卫生机构取得的除医疗收入、财政补助收入和上级补

助收入以外的各项收入，包括社会捐赠、利息收入等。

3. 基层医疗卫生机构收入的内容及核算

（1）医疗收入。会计科目设置。基层医疗卫生机构应设置“医疗收入”科目，核算开展医疗服务活动取得的门诊收入和住院收入。

“医疗收入”科目应按照“门诊收入”和“住院收入”设置一级明细科目。“门诊收入”应按照“挂号收入”“诊察收入”“检查收入”“化验收入”“治疗收入”“手术收入”“药品收入”“卫材收入”“一般诊疗费收入”和“其他门诊收入”设置二级明细科目，进行明细核算。“住院收入”应按照“床位收入”“诊察收入”“检查收入”“化验收入”“治疗收入”“手术收入”“护理收入”“药品收入”“卫材收入”“一般诊疗费收入”和“其他住院收入”设置二级明细科目，进行明细核算。

上述“药品收入”二级明细科目下按照“西药”“中成药”“中草药”进行明细核算。

主要账务处理。与医院会计按照权责发生制确认收入不同，基层医疗卫生机构的收入一般以收付实现制为基础进行确认。医疗收入的核算区分实行“收支两条线”管理和未实行“收支两条线”管理两种方式，采取不同的账务处理。

（2）财政补助收入。会计科目设置。基层医疗卫生机构应设置“财政补助收入”科目，核算基层医疗卫生机构从财政部门取得的基本建设补助收入、设备购置补助收入、人员经费补助收入和公共卫生服务补助收入等。“财政补助收入”科目应按照“人员经费补助收入”“公用经费补助收入”“公共卫生服务补助收入”“基本建设补助收入”和“设备购置补助收入”等设置明细账，进行明细核算。同时，“财政补助收入”科目还应设置“财政基本支出备查簿”和“财政项目支出备查簿”，前者用于详细登记使用“人员经费补助收入”和“公用经费补助收入”等支付基本支出情况，包括安排基本支出的日期、事由、金额等资料，并在期末分析计算本期基本支出补助结转；后者要按照具体项目详细登记使用“公共卫生服务补助收入”“基本建设补助收入”和“设备购置补助收入”等支付项目支出情况，包括安排项目支出的日期、事由、金额等资料，并在期末分析计算本期项目支出补助结转（余）。

主要账务处理。

第一，财政直接支付方式下，对于财政直接支付的人员经费、公用经费和财政基建设备补助支出等，应根据财政国库支付执行机构委托代理银行转来的“财政直接支付入账通知书”及原始凭证，借记“医疗卫生支出”“待摊支出”“财政基建设备补助支出”等科目，贷记“财政补助收入”科目；同时，对于为购建固定资产等由财政直接支付的资本性支出，借记“固定资产”“在建工程”等科目，贷记“固定基金”科目。年度终了，根据本年度财政直接支付预算指标数与财政直接支付实际支出数的差额，借记“财政应返还额度——财政直接支付”科目，贷记“财政补助收入”科目。

第二，财政授权支付方式下，应根据代理银行盖章的“授权支付到账通知书”与分月用款计划核对后记账，借记“零余额账户用款额度”科目，贷记“财政补助收入”科目。

年度终了，对于本年度财政授权支付预算指标数大于零余额账户用款额度下达数的，借记“财政应返还额度——财政授权支付”科目，贷记“财政补助收入”科目。

第三，其他方式下，实际收到财政拨款时，按照实际收到的金额，借记“银行存款”等科目，贷记“财政补助收入”科目。

第四，期末，应将“财政补助收入”科目贷方余额转入本期结余，借记“财政补助收入”科目，贷记“本期结余”科目。

(3) 上级补助收入。基层医疗卫生机构应设置“上级补助收入”科目，核算从主管部门和上级单位等取得的非财政补助收入。

收到上级补助收入时，按照实际收到金额，借记“银行存款”等科目，贷记“上级补助收入”科目。

期末结转时，将“上级补助收入”科目余额转入本期结余，借记“上级补助收入”科目，贷记“本期结余”科目。

(4) 其他收入。基层医疗卫生机构应设置“其他收入”科目，核算取得的除医疗收入、财政补助收入和上级补助收入以外的各项收入，包括接受社会捐赠、利息收入、确实无法支付的应付款项等。“其他收入”科目应按照其他收入的种类设置明细账，进行明细核算。其他收入的主要账务处理如下。

盘盈的库存物资等，在经批准处理时，借记“库存物资”等科目，贷记“其他收入”科目。

接受的库存物资捐赠，按照同类或类似资产的市场价格或有关凭据注明的金额加上发生的相关费用，借记“银行存款”等科目，按照其差额，贷记“其他收入”科目。

确实无法支付的应付款项，按照经批准核销的金额，借记“应付账款”“其他应付款”等科目，贷记“其他收入”科目。

期末，将其他收入本期发生额转入本期结余，借记“其他收入”科目，贷记“本期结余”科目。

（二）基层医疗卫生机构财务管理的支出核算

1. 基层医疗卫生机构支出的特征

基层医疗卫生机构的支出是指基层医疗卫生机构开展医疗卫生服务及其他活动发生的资金耗费和损失，具有以下两个特征：

(1) 支出是基层医疗卫生机构在开展医疗卫生服务及其他活动过程中发生的。基层医疗卫生机构在运行过程中从事各种业务活动，必然要发生资金的耗费和资金的损失。其中，资金耗费是指在组织管理及医疗服务过程中发生的能达到预期目的的价值形态转移，而资金损失是指基层医疗卫生机构未能达到预期目的的价值形态转移。

（2）支出的实质是基层医疗卫生机构经济利益的流出。基层医疗卫生机构的支出有时直观表现为现金或银行存款的减少，有时表现为资产的消耗，有时还表现为负债的增加等。因此，基层医疗卫生机构的支出反映了其经济利益流出的去向。

2. 基层医疗卫生机构支出分类

（1）医疗卫生支出，即基层医疗卫生机构在开展基本医疗服务和公共卫生服务活动中发生的支出，包括医疗支出和公共卫生支出。

（2）财政基建设备补助支出，即基层医疗卫生机构利用财政补助收入安排的基本建设支出和设备购置支出。

（3）其他支出，即基层医疗卫生机构本期发生的，除医疗卫生支出、财政基建设备补助支出以外的其他支出，包括罚没支出、捐赠支出、财产物资盘亏损失等。

（4）待摊费用，即基层医疗卫生机构为组织、管理医疗活动所发生的需要摊销的各种费用。

3. 基层医疗卫生机构支出的内容及核算

（1）医疗卫生支出。会计科目设置。基层医疗卫生机构应设置“医疗卫生支出”科目，核算在开展基本医疗和公共卫生服务活动中发生的支出，包括相关人员经费、耗用的药品及材料成本、维修费和其他公用经费等。“医疗卫生支出”科目借方登记医疗业务活动中直接发生的支出以及分配转入的各种支出，贷方登记月末转出数，期末结转后应无余额。“医疗卫生支出”科目下应设置“医疗支出”和“公共卫生支出”一级明细科目。“医疗支出”一级明细科目按照“人员经费”“药品支出”“卫材支出”“其他材料支出”“非财政资本性支出”“维修费”“其他公用经费”“提取医疗风险基金”等进行明细核算；“公共卫生支出”一级明细科目下按照“人员经费”“药品支出”“卫材支出”“其他材料支出”“非财政资本性支出”“维修费”“其他公用经费”等进行明细核算。

主要账务处理。

第一，为基层医疗卫生机构人员计提薪酬时，分别按照从事基本医疗和公共卫生服务人员的工资金额，借记“应付职工薪酬”，贷记“应付社会保障费”等科目。

第二，为开展基本医疗和公共卫生服务活动领用卫生材料、药品等库存物资时，如可确定领用的库存物资专门用于基本医疗或公共卫生服务，按照其实际成本，借记“医疗卫生支出一医疗支出、公共卫生支出”科目，贷记“库存物资”科目。

第三，利用财政补助收入以外的资金安排的资本性支出，按照购建固定资产的实际成本，借记“固定资产”“在建工程”等科目，贷记“固定基金”科目；同时，如可确定购建的固定资产专门用于基本医疗或公共卫生服务，在发生资本性支出时，按照实际支出金额，借记“医疗卫生支出——医疗支出（公共卫生支出）——非财政资本性支出”科目，贷记“银行存款”等科目。

第四，为应对医疗风险购买商业医疗保险所支付的保险费等支出，在发生时按照实际支出金额，借记“医疗卫生支出”科目，贷记“库存现金”“银行贷款”等科目。

第五，对于无法直接计入基本医疗服务支出和公共卫生服务支出而需进行合理分摊的支出，应先记入“待摊支出”科目。期末，将待摊支出合理分摊至“医疗业务成本”科目的明细科目时，借记“医疗卫生支出——医疗支出、公共卫生支出”科目，贷记“待摊支出”科目。

第六，期末，将“医疗卫生支出”科目的余额转入本期结余，借记“本期结余”科目，贷记“医疗卫生支出”科目。

（2）财政基建设备补助支出。基层医疗卫生机构应设置“财政基建设备补助支出”科目，核算基层医疗卫生机构利用财政补助收入安排的基本建设支出和设备购置支出。

使用财政补助收入安排相关基建和设备购置按照合同结算时，借记“财政基建设备补助支出”科目，贷记“银行存款”“零余额账户用款额度”“财政补助收入”等科目；同时，借记“固定资产”“在建工程”科目，贷记“固定基金”科目。

期末，将“财政基建设备补助支出”科目余额转入本期结余，借记“本期结余”科目，贷记“财政基建设备补助支出”科目。

（3）其他支出。基层医疗卫生机构应设置“其他支出”科目，核算本期发生的，除医疗卫生支出、财政基建设备补助支出以外的其他支出，包括财产物资盘亏或毁损损失、罚没支出和捐赠支出等。

盘亏、变质、毁损的库存物资，按照账面价值扣除可以收回的保险赔偿和过失人的赔偿等后的金额，借记“其他支出”科目，按照可以收回的保险赔偿和过失人赔偿等，借记“库存现金”“银行存款”“其他应收款”等科目，按照实际成本，贷记“库存物资”等科目。

发生对外捐赠等其他支出，借记“其他支出”科目，贷记“银行存款”等科目。

期末，将“其他支出”科目的余额转入本期结余，借记“本期结余”科目，贷记“其他支出”科目。

（三）基层医疗卫生机构财务管理的资产核算

1. 基层医疗卫生机构资产的特征

资产是指基层医疗卫生机构占有或者使用的能以货币计量的经济资源，包括流动资产、固定资产、无形资产等。基层医疗卫生机构的资产应当具备三个特征：第一，资产必须能够用货币可靠地计量；第二，作为资产的经济资源应是现在占有或者使用的；第三，资产的内涵是由于过去交易或事项所形成的经济资源。

2. 基层医疗卫生机构资产的分类

基层医疗卫生机构的资产通常按照流动性划分为流动资产和非流动资产两大类。流动资产是指可以在1年以内（含1年）变现或耗用的资产，主要包括货币资金、应收及预付款项、存货等。除流动资产以外的其他资产统称为非流动资产，包括固定资产、在建工程和无形资产等。

3. 基层医疗卫生机构资产的内容及核算

（1）应收医疗款。会计科目设置。基层医疗卫生机构应设置“应收医疗款”科目，核算基层医疗卫生机构因提供基本医疗和公共卫生服务而应向门诊病人、住院病人收取的和与医疗保险机构结算的应收未收医疗款项。“应收医疗款”科目借方登记应收医疗款项的增加数，贷方登记应收医疗款项的减少数，期末借方余额反映基层医疗卫生机构应收未收的医疗款项。“应收医疗款”科目应设置“结算欠费”和“应收医疗保险金”一级明细科目。“结算欠费”一级明细科目按照“门诊病人”和“住院病人”设置明细账，进行明细核算。“应收医疗保险金”一级明细科目按照医疗保险机构设置明细账，进行明细核算。

主要账务处理。

第一，与门诊病人结算医疗款时，应向门诊病人收取的部分，按照门诊病人实际支付或应付未付的医疗款金额，借记“库存现金”“应收医疗款——结算欠费——门诊病人”等科目，应由医疗保险机构负担的部分，按照有关规定计算的应收医疗保险金额，借记“应收医疗款——应收医疗保险金”科目，按照有关规定计算确定的门诊病人医疗款金额，贷记“医疗收入”(未实行“收支两条线”管理）或“待结算医疗款”科目（实行“收支两条线”管理)。

第二，与住院病人结算医疗款时，如住院病人应付医疗款金额大于其预交金额，按照预收住院病人医疗款金额，借记“预收医疗款”科目，按照实际补付或应付未付金额，借记“库存现金”“应收医疗款——结算欠款——住院病人”等科目，按照有关规定计算的应由医疗保险机构负担的医疗保险金额，借记“应收医疗款——应收医疗保险金”科目，按照有关规定计算确定的住院病人医疗款金额，贷记“医疗收入”(未实行“收支两条线”管理）或“待结算医疗款”科目（实行“收支两条线”管理)。如住院病人应付医疗款金额小于其预交金额，按照预收住院病人医疗款金额，借记“预收医疗款”科目，按照有关规定计算的应由医疗保险机构负担的医疗保险金额，借记“应收医疗款——应收医疗保险金”科目，按照退还给住院病人医疗款金额，贷记“库存现金”“银行存款”等科目，按照有关规定计算确定的住院病人医疗款金额，贷记“医疗收入”科目（未实行“收支两条线”管理）或贷记“待结算医疗款”科目（实行“收支两条线”管理)。

第三，收到病人补交的结算欠费时，按照实际收到的金额，借记“库存现金”等科目，贷记“应收医疗款——结算欠费”科目。

第四，与医疗保险机构结算医疗款时，按照实际收到的医疗保险机构结算金额，借记“银行存款”等科目，贷记“应收医疗款——应收医疗保险金”科目。如医疗保险机构预拨并需结算医疗保险金的，与医疗保险机构结算时，按照医疗保险机构预付金额，借记“预收医疗款”科目，按照医疗保险机构补付或退还医疗保险机构的金额，借记或贷记“银行存款”等科目，按照应收医疗保险机构的金额，贷记“应收医疗款——应收医疗保险金”科目。

第五，与医疗保险机构结算发生结算差额时，对于可由相关过失人赔偿的部分，按照实际赔偿金额，借记“库存现金”“银行贷款”等科目，贷记“应收医疗款——应收医疗保险金”科目。

第六，基层医疗卫生机构应定期或者至少于每年年度终了，对应收医疗款进行全面检查。对于期限超过 3 年以上，确认无法收回的除医保结算差额以外的应收医疗款，应及时查明原因，并根据管理权限在报经批准后核销。核销时，借记“其他支出”科目，贷记“应收医疗款”科目。如果已核销的应收医疗款在以后期间又收回的，应按照实际收回的金额，借记“银行存款”等科目，贷记“其他收入”等科目。

需要注意的是，医院的应收医疗款和其他应收款在核销后又收回的，应按实际收回的金额增加坏账准备。而基层医疗卫生机构未计提坏账准备，核销以后又收回的应收医疗款和其他应收款，应计入其他收入而不能增加坏账准备。

基层医疗卫生机构应设置“坏账核销备查簿”，详细登记已核销应收医疗款坏账的债务人姓名、形成时间、金额、原因等相关信息。

（2）其他应收款。会计科目设置。基层医疗卫生机构应设置“其他应收款”科目，核算基层医疗卫生机构除财政应返还额度、应收医疗款以外的其他各项应收、暂付款项，包括职工预借的差旅费、拨付的备用金、应向职工收取的各种垫付款项等。与医院会计相比，基层医疗卫生机构严格禁止对外投资，因此“其他应收款”科目的核算内容不包括应收长期投资的利息或利润。“其他应收款”科目借方登记发生的应收、暂付款项，贷方登记收回款项，期末借方余额反映基层医疗卫生机构尚未收回的其他应收款。“其他应收款”科目应按照其他应收款的项目分类以及不同的债务人设置明细账，进行明细核算。

主要账务处理。

第一，基层医疗卫生机构发生的其他各种应收、暂付款项等各项其他应收款，借记“其他应收款”科目，贷记“银行存款”“库存现金”等科目；收回或转销各种款项时，借记“库存现金”“银行存款”或相关支出科目，贷记“其他应收款”科目。

第二，实行定额备用金制度的基层医疗卫生机构，在领用备用金时，按照批准领用的金额，借记“其他应收款——备用金”科目，贷记“银行存款”等科目。

第三，与应收医疗款相同，基层医疗卫生机构应定期或者至少于每年年度终了，对其他应收款进行全面检查。相关规定和会计处理可参照本节“应收医疗款”科目的介绍。

（3）库存物资。会计科目设置。基层医疗卫生机构应设置“库存物资”科目，核算基层医疗卫生机构为开展基本医疗和公共卫生服务活动及其他活动储存的药品、卫生材料、低值易耗品和其他材料的实际成本。“库存物资”科目借方登记库存物资的购入和盘盈数，贷方登记库存物资的发出和盘亏数，期末借方余额反映基层医疗卫生机构库存物资的实际成本。“库存物资”科目应按照库存物资的类别，如“药品”“卫生材料”“低值易耗品”和“其他材料”等设置一级明细科目，“药品”一级明细科目下应设置“药库”“药房”两个二级明细科目，并按照西药、中成药、中草药进行明细核算。“库存物资”科目明细账下按照品名、规格设置数量金额明细账，库房应设置实物收、发、存数量明细账。

主要账务处理。

第一，库存物资在取得时，应以其成本入账。首先，按照规定集中采购配送的库存物资，其成本按照通过集中采购确定的采购价格（包括配送费用，下同）确定，自行外购的库存物资成本按照实际采购价格及相关直接税费确定。外购或集中采购配送的物资验收入库时，按照确定的成本，借记“库存物资”科目，贷记“银行存款”“应付账款”“零余额账户用款额度”等科目。其次，接受捐赠的库存物资，其成本比照同类或类似物资的市场价格或有关凭据注明的金额确定。接受捐赠的物资验收入库时，按照确定的成本，借记“库存物资”科目，贷记“其他收入”科目。

第二，库存物资在发出时，应根据实际情况采用个别计价法、先进先出法或者加权平均法确定发出物资的实际成本。计价方法一经确定，不得随意变更。首先，开展基本医疗和公共卫生服务等业务活动领用库存物资时，按照其实际成本，借记“医疗卫生支出”“待摊支出”等科目，贷记“库存物资”科目。低值易耗品应于内部领用时摊销，摊销方法可以采用一次摊销法或五五摊销法。低值易耗品实物管理应采取“定量配置、以旧换新”等管理办法，并建立辅助明细账，对各类物资进行数量、金额管理。其次，药房从药库领取药品，按照领取药品的成本，借记“库存物资——药品——药房”科目，贷记“库存物资——药品——药库”科目。药房结转已出售药品的成本时，按照其实际成本，借记“医疗卫生支出”等科目，贷记“库存物资——药品——药房”科目。最后，因其他原因领用或发出库存物资，按照其实际成本，借记“待摊支出”等科目，贷记“库存物资”科目。

第三，定期盘点库存物资。基层医疗卫生机构的各种库存物资，应定期进行清查盘点，每年至少盘点一次。对于盘盈、盘亏、变质、毁损的物资，应及时查明原因，根据管理权限报经批准后及时进行处理。盘盈的库存物资，比照同类或类似物资的市场价格确定的价值，借记“库存物资”科目，贷记“其他收入”科目；盘亏、变质、毁损的库存物资，按照库存物资账面余额扣除保险赔偿和过失人赔偿等后的金额，借记“其他支出”科目，按照实际收回的保险赔偿和过失人赔偿等，借记“库存现金”“银行存款”等科目，按照库存物资的账面余额，贷记“库存物资”科目。

（4）待摊支出。会计科目设置。基层医疗卫生机构应设置“待摊支出”科目，核算基层医疗卫生机构为组织、管理基本医疗和公共卫生服务活动等日常发生且需要分摊至医疗支出和公共卫生支出的各项间接支出。

主要账务处理。

无法直接确定归属于基本医疗或公共卫生服务的各项水、电、供暖、人员工资等待摊支出，在发生时按照实际支出金额，借记“待摊支出”科目，贷记“库存现金”“银行存款”“零余额账户用款额度”“应付职工薪酬”等科目。

期末，将“待摊支出”科目余额按照职工人数、场地面积等合理可行的分摊标准计算并分摊至医疗支出和公共卫生支出时，按照计算的分摊金额，借记“医疗卫生支出——医疗支出、公共卫生支出”科目，贷记“待摊支出”科目。

（5）固定资产。固定资产的概念与计量。固定资产是指单位价值在1000元及以上（其中：专用设备单位价值在1500元及以上）、使用期限在1年以上（不含1年），并在使用过程中基本保持原有物质形态的资产。单位价值虽未达到规定标准，但耐用时间在1年以上（不含1年）的大批同类物资，应作为固定资产管理。基层医疗卫生机构的固定资产主要包括房屋建筑物、专用设备、一般设备和其他固定资产。固定资产的成本按以下要求确定：①外购的固定资产，其成本包括实际支付的买价、相关税费以及固定资产交付使用前所发生的可直接归属于该项资产的运输费、安装费等。②通过在建工程转入的固定资产，其成本包括该项资产交付使用前所发生的全部必要支出。③无偿调入的固定资产，已经进行资产评估的，其成本按照评估值加上相关税费确定；未进行资产评估的，其成本按照在调出单位的原账面价值加上相关税费确定。④接受捐赠的固定资产，其成本比照同类或类似物资的市场价格或有关凭据注明的金额加上相关税费确定。

会计科目设置。基层医疗卫生机构应设置“固定资产”科目，核算基层医疗卫生机构固定资产的增减变动和结存情况。

基层医疗卫生机构应设置“固定资产登记簿”和“固定资产卡片”，并按照固定资产类别、使用部门等设置明细账，进行明细核算。出租或出借的固定资产，应设置备查簿进行登记。经营租入或借入的固定资产，应设置备查簿进行登记，不在“固定资产”科目核算。

主要账务处理。

第一，固定资产的取得。购入不需要安装的固定资产，借记“固定资产”科目，贷记“固定基金——固定资产占用”科目；同时，借记“财政基建设备补助支出”“待摊支出”等科目，贷记“银行存款”“零余额账户用款额度”“财政补助收入”等科目。①通过在建工程转入的固定资产，按照确定的成本，借记“固定资产”科目，贷记“在建工程”科目；同时，借记“固定基金——在建工程占用”科目，贷记“固定基金——固定资产占用”科目。②无偿调入不需安装的固定资产，按照确定的成本，借记“固定资产”科目，贷记“固定基金——固定资产占用”科目；按照发生的相关税费，借记“待摊支出”等科目，贷记“银行存款”“零余额账户用款额度”“财政补助收入”等科目。③接受捐赠的固定资产，借记“固定资产”科目，贷记“固定基金——固定资产占用”科目；按照发生的相关税费，借记“待摊支出”等科目，贷记“银行存款”等科目。

第二，固定资产的后续支出。为增加固定资产的使用效能或延长其使用寿命而发生的改建、扩建或大型修缮等后续支出，应计入固定资产账面价值，通过“在建工程”科目核算，完工交付使用时转入“固定资产”科目。为了维护固定资产的正常使用而发生的修理费等后续支出，应计入当期支出，借记“待摊支出”等科目，贷记“银行存款”“零余额账户用款额度”“财政补助收入”等科目。

第三，固定资产的处置。出售、报废、毁损的固定资产，按规定报经批准后，按照所处置固定资产的账面价值，借记“固定基金占用”科目，贷记“固定资产”科目。按照取得的价款或者变价收入扣减相关支出后的净额，借记“银行存款”科目，贷记“应缴款项”“其他收入”科目。无偿调出、对外捐赠的固定资产，按照发出固定资产的账面价值，借记“固定基金——固定资产占用”科目，贷记“固定资产”科目。

第四，基层医疗卫生机构应当对固定资产定期进行清查盘点，每年至少盘点一次。盘盈的固定资产，经上级主管部门批准同意后，按照同类或类似资产市场价格确定的价值，借记“固定资产”科目，贷记“固定基金——固定资产占用”科目；盘亏的固定资产，按照规定报经批准后，以其账面价值核销，借记“固定基金固定资产占用”科目，贷记“固定资产”科目，对于可以收回的保险赔偿和过失人赔偿等，在实际取得赔偿款时，借记“库存现金”“银行存款”科目，贷记“应缴款项”“其他收入”科目。

第四节　高等学校的财务管理改革创新

财务管理是高等学校运营管理的核心内容，是高校日常管理活动的基础和保障。“高校财务管理不仅承担着教育资金的筹集、分配等重要任务，还同时进行各类经费的预算、核算、监督、评价等管理工作。”(耿晓霞、刘丕平、安爽等，2021)

在高校的运营过程中，财务管理水平的高低对教学、科研、行政管理、后勤保障等业务内涵式发展有着直接的影响。由于特殊的历史原因，现阶段我国高等学校还没有建立起真正意义上的高质量财务管理模式和体系，仍然存在着财务管理体制不健全、全员理财意识薄弱、预算管理不科学、办学成本高等问题。近年来，随着国家治理体系和治理能力现代化的不断推进，财务管理在新时代高校办学活动中肩负着越来越重要的使命。在经济发展、财务转型、监管与创新并存的新常态下，高等学校管理层如何做出适应发展要求的决策，如何有效运用政府会计、内部控制、管理会计、预算绩效、科研经费“放、管、服”、大数据监控、业财融合等新方法、新手段和新技术，如何由传统财务管理模式转变为以价值创造的新时代高校财务管理模式，成为当前财务人员关注的焦点问题。高等学校的财务管理改革创新主要有以下建议。

一、高等学校的财务管理改革创新——财务制度体系

结合学校改革发展需要，坚持问题导向和目标导向，着力构建财务制度体系的“四梁八柱”，在校院两级财务管理、内部控制、预算绩效、综合预算、“放管服”改革、收支管理、招标采购、信息化等方面，扎实推进财务制度改革创新，使制度体系层次合理、简洁明确、协调一致，明确财务工作的根本遵循。认真落实各项财经制度，规范学校经济合同

管理，实现财务管理工作关口前移，维护学校财经工作的秩序和权益。

二、高等学校的财务管理改革创新——内部控制体系

结合高校办学特点，立足学科建设目标，摸清学校内部控制规律，健全内部控制机制，完善内部控制体系，优化内部控制运行，创新内控工作方式方法，将学校内部控制覆盖范围从经济活动层面拓展到业务活动层面，将全面落实执行内部控制机制纳入学校治理体系和治理能力建设中，分阶段积极稳妥推进。根据学校“统筹布局、一体发展”的方针，建立以书记、校长为第一负责人的工作机构，配备专业人员，逐步完善新时代高校多校区、二级单位相协调的风险防范和管控机制。加强内控宣传贯彻，使内控理念深入人心，打造“重视风险防范、强化责任意识”的内部控制文化，提高高校全体人员的风险防范意识。

三、高等学校的财务管理改革创新——财务信息化体系

依托互联网 +、大数据技术，加强信息化建设布局，建立基于大数据和可视化的分析决策支持平台，为学校事业的精准化管理和科学化决策提供依据，提高财务战略能力；以财务流程再造为基础，大力推进“业财融合”，推动财务数据源向业务端延伸，实现财务管理重心前移，提升财务管理能力；构建智能便捷的一站式服务系统，优化财务报销、科研管理、设备管理等流程，提升广大师生员工的体验感和满意度，强化财务服务能力；建立客观、系统、规范、高效的财务管理信息化体系，驱动财务管理服务创新和效能提升。

构建集成共享、智能便捷的信息服务系统。推进业务流程优化与再造，建立覆盖各项财务业务的信息化服务“大平台”，制定标准化、精细化、规范化的财务服务流程，实现流程中财务制度、内控规定的嵌入，减少业务处理过程中人工判断和选择，实现服务效率和质量的大幅度提高。构建用户体验为导向的预约报销系统，对出差、日常报销、公务接待、借款、出国出境等业务进行事务化的相对固定流程处理，增强对报销事项的精细化管理和事前控制，解决报销业务专业性与服务对象非专业性之间的矛盾。另外，通过“互联网 + 会计信息采集”，提高信息数据利用率，推动财务报销向智能化发展，减少报销人手工录入工作量，提高报销效率。

推动信息化与财务管理的有效融合。以高校战略目标为依据，以信息化技术为手段，以预算管理为监控点，加强财务系统的信息集成、成本管控、绩效考核功能。推动信息化以预算管理为主线，侧重预算的统筹作用，细化预算编制，强调预算执行结果的评价。通过信息化，实现对学校财经活动的宏观管理，也为学校各项事业的精准化管理和科学化决策提供保障。

四、高等学校的财务管理改革创新——经费监管体系

创新监管方式和手段，通过完善信用机制、“双随机”抽查、第三方评估等举措，加强事中事后监管，打造财务、审计、纪委巡察督查三位一体、全方位的高校经费监管体系。要用新思想、新思维、新理念，筹好管好用好教育经费，助推学校高质量发展。学校财务、审计，纪委巡察督查监督部门在经费使用监管过程中，首先要树立全局意识，各项经费使用要与学校的改革发展任务、方向、学科发展、学院发展紧密结合。其次，经费使用要符合勤俭节约的原则，要把有限的经费用在学校改革的发展中，提高经费使用效益。最后，经费使用要符合国家、地方、学校的财务规章制度，要严格贯彻制度精神。

参考文献

[1] 曾艳，李丹，成茜 . 财务会计 [M]. 上海：上海财经大学出版社，2015.
[2] 崔运政，何宪红，张海静，等 . 行政事业单位会计理论与实务 [M]. 上海：立信会计出版社，2015.
[3] 崔运政 . 行政事业单位会计理论与实务 [M]. 上海：立信会计出版社，2015.
[4] 董淼，张彦明，王海东 . 现代企业财务管理 [M]. 哈尔滨：哈尔滨工程大学出版社，2013.
[5] 董伟英 . 财务会计 [M]. 长沙：湖南师范大学出版社，2018.
[6] 杜兴强，章永奎 . 财务会计理论 [M]. 厦门：厦门大学出版社，2005.
[7] 方周文，张庆龙，聂兴凯 . 行政事业单位内部控制规范实施指南 [M]. 上海：立信会计出版社，2017.
[8] 耿晓霞，刘丕平，安爽，等 . 高等学校财务管理改革创新研究 [J]. 教育财会研究，2021，32（2）：24.
[9] 郭利敏，杨利云 . 财务会计 [M]. 北京：中国铁道出版社，2015.
[10] 胡丹 . 行政事业单位财务管理信息化建设的必要性及策略 [J]. 中国产经，2022（6）：143.
[11] 胡静 . 行政事业单位财务管理信息化建设的改进思索 [J]. 纳税，2019，13（33）：86-89.
[12] 黄娟 . 企业财务会计 [M]. 重庆：重庆大学出版社，2017.
[13] 黄铭 . 大数据背景下行政事业单位财务管理的优化研究 [J]. 中小企业管理与科技（上旬刊），2021（12）：92.
[14] 黄延霞 . 财务会计管理研究 [M]. 北京：经济日报出版社，2018.
[15] 蒋尧明 . 现代会计理论研究 [M]. 北京：中国财政经济出版社，2010.
[16] 鞠瑞 . 新形势下科学事业单位财务管理存在的问题及对策 [J]. 财会学习，2020（10）：79.
[17] 李海燕，程琳 . 会计核算基础 [M]. 上海：上海交通大学出版社，2015.
[18] 李怀宝，赵晶，白云 . 财务管理 [M]. 长沙：湖南师范大学出版社，2018.
[19] 刘百灵，马慧军 . 会计核算基础 [M]. 北京：中国经济出版社，2014.
[20] 刘淑琴，刘彩丽 . 行政事业单位会计实务 [M]. 沈阳：东北财经大学出版社，2017.
[21] 刘学华 . 行政事业单位会计 [M]. 上海：立信会计出版社，2012.
[22] 吕苏怡，陈维青 . 云会计对行政事业单位财务管理的影响研究 [J]. 佳木斯大学社会科学学报，2021，39（6）：42.

[23] 马世红 . 基层医疗卫生机构财务管理 [J]. 财经界，2021（8）：99.
[24] 敏珍，袁曙，李红曼，等 . 企业财务会计 [M]. 北京：航空工业出版社，2014.
[25] 缪匡华 . 行政事业单位财务管理 [M]. 北京：清华大学出版社，2013.
[26] 欧阳电平 . 会计信息化基础 [M]. 北京：清华大学出版社，2017.
[27] 石琳 . 新时期医院财务管理工作开展探究 [J]. 中国产经，2022（6）：114.
[28] 谭湘 . 财务会计 [M]. 广州：中山大学出版社，2017.
[29] 王芳 . 行政事业单位财务管理信息化建设的改进思索 [J]. 中国商论，2019（18）：155-156.
[30] 王建新 . 财务会计概念框架 [M]. 大连：东北财经大学出版社，2007.
[31] 王剑盛 . 会计信息化 [M]. 北京：科学出版社，2015.
[32] 王莉莉 . 事业单位财务管理信息化建设存在的问题及对策 [J]. 现代商业，2020（3）：168-169.
[33] 魏芳，刘勇强 . 会计核算基础与实务 [M]. 北京：中国轻工业出版社，2015.
[34] 徐静，姜永强 . 企业财务管理与内部控制体系构建 [M]. 长春：吉林出版集团股份有限公司，2018.
[35] 闫守森 . 区块链技术在行政事业单位财务管理中的应用探究 [J]. 会计师，2021（21）：42.
[36] 杨洛新，程康 . 财务会计 [M]. 上海：上海财经大学出版社，2015.
[37] 余恕莲，史玉光 . 企业财务会计 [M]. 北京：北京大学出版社，2010.
[38] 张捷 . 基础会计 [M]. 北京：中国人民大学出版社，2015.
[39] 张雪芬，倪丹悦 . 行政事业单位会计 [M]. 苏州：苏州大学出版社，2018.
[40] 祝宝江，周荣虎，陈国雄 . 企业管理 [M]. 上海：上海交通大学出版社，2017.